LAS SIETE PROMESAS DE

UN CUMPLIDOR DE SU PALABRA:

HOMBRES QUE CUMPLEN SUS PROMESAS

Autores colaboradores

•DR. JAMES DOBSON

•BILL BRIGHT •EDWIN COLE •TONY EVANS •BILL McCARTNEY
•LUIS PALAU •RANDY PHILLIPS •GARY SMALLEY

EDITORIAL
UNILIT

MIAMI, FL. 33172

Publicado por
Editorial **Unilit**
Miami, Fl. 33172
© 1995 Derechos reservados

Primera edición 1995

Originalmente publicado en inglés con el título:
Seven Promises of A Promise Keeper por
Focus on the Family Publishing,
Colorado Springs, CO. 80995

Traducido al español por: Guillermo Vazquéz

Citas bíblicas tomadas de Reina Valera, (RV) revisión 1960
© Sociedades Bíblicas Unidas.
Otras citas marcadas (BLA) "Biblia de las Américas"
© 1986 The Lockman Foundation.
Usadas con permiso.

Producto: 498396
ISBN 1-56063-878-8
Impreso en Colombia
Printed in Colombia

Contenido

Aproveche el momento—*Randy Phillips*   7

Promesa 1: El hombre y su Dios

Colocando un fundamento seguro— *Jack Hayford*   25

Por qué los hombres deben orar—*Wellington Boone*   33

Su palabra es su garantía—*Edwin Louis Cole*   41

Promesa 2: El hombre y sus consejeros

Un mandato para la orientación—*Howard G. Hendricks*   55

Fuertes relaciones de orientación—*E. Glenn Wagner*   65

Promesa 3: El hombre y su integridad

Pureza espiritual—*Tony Evans*   83

Negro y blanco en un mundo gris—*Gary J. Oliver*   93

El llamado a la pureza sexual—*Jerry Kirk*   101

Promesa 4: El hombre y su familia

Cinco secretos de un matrimonio feliz—*Gary Smalley*   117

La prioridad de la paternidad—*James C. Dobson*   127

Promesa 5: El hombre y su iglesia

Honrando a su pastor y orando por él—*Dale Schlafer*   147

El hombre que Dios busca—*H.B. London, Jr.*   157

Promesa 6: El hombre y sus hermanos

Un llamado a la unidad—*Bill McCartney*   173

Tomando el siguiente paso—*Phillip Porter y Gordon England*   185

Promesa 7: El hombre y su mundo

El poder más grande jamás conocido—*Bill Bright*   201

La gran comisión—*Luis Palau*   209

Buscando el favor de Dios—*Bill McCartney*   221

Recursos adicionales   225

Aproveche el momento

Por Randy Phillips
Presidente de Guardadores de Promesas

¡El tiempo ha llegado para cada uno de nosotros!

El momento para Keith Osborn llegó cuando otro hombre en la conferencia de los *Cumplidores de Promesas* lo animó a dar el primer paso en reconciliarse con su padre. Keith había sido incapaz de perdonar a su padre por la manera inadecuada en que lo había criado. «La mañana siguiente –dijo Keith –todo estuvo bien hasta que fui al baño del restaurante de la localidad. Fue entonces cuando el Espíritu Santo me convenció y comencé a llorar sin parar. Oré a Dios y le pregunté qué quería que hiciera, y me di cuenta de que necesitaba llamar a mi padre lo más pronto posible. Pensé en olvidar el asunto y nuevamente fui convencido de hacerlo inmediatamente.

»Encontré un teléfono público, y en medio de mis lágrimas, de alguna manera llamé a mi padre y le pedí que me perdonara por la amargura y el enojo que había tenido hacia él en los dos últimos años. Le expliqué por qué me sentía así. El también me pidió que lo perdonara, *¡y por primera vez en mi vida me dijo que me amaba!* ¡Gloria al Señor por esta victoria!»

A Jerry Smith le llegó su momento cuando escuchó al doctor James Dobson hablar acerca de lo que las esposas necesitan de sus maridos –como el romance y el liderazgo espiritual en el hogar. «Necesitaba oír a otros hombres experimentando las mismas luchas y buscando una relación más íntima con Dios, y su dirección en sus vidas –dijo Jerry después de la conferencia de los *Cumplidores de Promesas'93* (Promises Keepers'93). –Ahora, lo primero que hago cada mañana es arrodillarme al pie de mi cama y consagrar a mi esposa y a mi hijo al Señor. Tengo mucho cuidado con mis palabras, especialmente hacia mi esposa y mi hijo».

Al, un hombre de color, y Joe, un hombre blanco, aprovecharon un momento en el que se invitaba a un cambio de vida al final de la mencionada conferencia. Cuando Al regresaba a su habitación el sábado por la noche –después que el entrenador Bill McCartney había hecho un insistente llamado para que los hombres procuraran la reconciliación racial– fue abordado por Joe. Este le preguntó si podía hablarle, a lo que Al contestó que sí. Joe le explicó que se había criado en Mississippi odiando a los negros. Luego, con lágrimas en los ojos, le preguntó: «¿Me perdonarías? Y, ¿me ayudarías?»

Al estuvo de acuerdo con ambas preguntas. Y desde aquella noche los dos hombres han permanecido en contacto. Los dos crecen en su relación con Cristo y en su relación del uno con el otro. Ese es el poder de la reconciliación racial –y de dos hombres tratando de aprovechar una oportunidad para hacer lo correcto.

A John le llegó su momento cuando llevó a su hogar, en el sur de la Florida, lo que había aprendido en la conferencia. Su esposa explicó: «Le dije a John que tenía que ir a la reunión de los Cumplidores de Promesas de alguna manera. Conseguimos el dinero y pudo ir. ¡Dijo que eso fue lo mejor que había sucedido en su vida! (después de haber conocido a Jesús y de haberme conocido a mí). Y vino a casa con una visión para otros hombres.

»Cuando regresó fue a hablar con nuestro pastor y comenzó un ministerio para hombres. Ellos se reúnen semanalmente el jueves por la noche, ¡y los cambios son increíbles! Las esposas son ahora las primeras en contar cómo han mejorado las cosas en sus hogares en todos los sentidos, incluso espiritualmente.»

Jerry, Keith, Al, Joe, y John hicieron decisiones que determinarían el curso futuro de sus relaciones con Dios, con sus familiares, y con sus hermanos.

¡Todos ellos fueron llamados a aprovechar el momento!

¿Por qué ahora?

Hace unos pocos años hubiera sido un pequeño milagro lograr reunir a veinticinco individuos en un seminario para hombres en la mayoría de las iglesias. Sin embargo, ahora usted los encuentra reuniéndose por cientos y miles en varias ciudades, y no están allí sólo para oír testimonios de famosas personalidades del deporte o para competir en preparar platos especiales. Los hombres norteamericanos de hoy día buscan respuestas, y miran a Jesús como el único que puede darlas.

En julio de 1993, en Boulder, Colorado, más de 50.000 hombres, representando a todos los estados y diferentes partes del continente, se reunieron en la conferencia que mencionamos al principio, de los Cumplidores de Promesas'93. Durante todo un fin de semana adoraron a Dios en oración, alabanza y cánticos, y recibieron enseñanza sobre asuntos que van desde el matrimonio y los niños, hasta las tentaciones sexuales y la responsabilidad. Y en el desafío para la consagración, la mayoría de esos hombres decidieron encender sus velas como expresión externa de una transformación interna, comprometiéndose a guardar las siete promesas delineadas en este libro.

El ver una respuesta tan abrumadora me conmovió, pero también me indujo a hacer la inevitable pregunta: ¿Por qué ahora? ¿Por qué sacrificarían los hombres tiempo y esfuerzo? ¿Por qué hay tantos que quieren hacer profundos compromisos para cambiar? ¿Qué es lo que motiva que ahora los hombres estén tan receptivos a Jesús? Después de una consideración pletórica de oración, llegué a la única e ineludible conclusión: estamos en los umbrales de un despertar espiritual.

Aunque «el tiempo para el favor de Dios» se ha extendido generosamente a todos los pueblos de todas la épocas mediante la cruz, los historiadores de la Iglesia han notado que ha habido épocas específicas a través de toda la historia en las que el favor de Dios ha sido mayor. Los estudiosos usan términos como *derramamiento, despertar, movimiento, avivamiento* para describir esos períodos únicos en los que Dios otorga su gracia y poder a la gente en una medida desacostumbrada, a fin de extender su Reino en la tierra. Hay un creciente consenso entre los líderes cristianos de que ahora estamos, una vez más, en tal época.

Esto se hizo muy claro para mí en agosto de 1993, cuando mi esposa Holly y yo fuimos a un retiro de oración para líderes norteamericanos. Allí, con más de 200 líderes cristianos honramos a la persona de Jesús durante tres días de adoración y oración. No teniendo otra agenda que cumplir que la de esperar en Dios, hicimos a un lado nuestros congestionados horarios y aprendimos lo que significa la palabra de Dios, que dice: «Estad quietos, y conoced que yo soy Dios» (Salmos 46:10).

A medida que las horas pasaban y se volvían días, todos nosotros experimentamos una profunda renovación en el área del amor de Dios para con nosotros y para con el mundo. Mientras esperábamos en El, recibimos la seguridad de que Dios será «exaltado entre las naciones». A la luz de esta verdad experimenté más receptividad al Espíritu de Dios de una nueva manera, lo que finalmente me condujo a una mayor perspectiva. Sentí la urgencia del actual llamamiento de Dios a su Iglesia y, más específicamente, a sus hombres.

Después de la última sesión del retiro de oración, el Señor me sorprendió. Es la única manera en la que puedo decirlo. Mientras mi esposa y yo estábamos comiendo con el entonces presidente de la junta directiva de los Cumplidores de Promesas, Dale Schlafer y su esposa, el Espíritu Santo me movió de una manera única e inequívoca. Las palabras no fueron audibles, pero la impresión fue clara. El sentimiento de nuestra urgencia del Señor era que íbamos a experimentar un movimiento de su Espíritu para restaurar la identidad espiritual de sus hijos. Junto con eso, la exhortación bíblica de que aprovechemos bien el tiempo fue profundamente grabada en mi mente. Poco a poco, se convirtió en una inconmovible orden del Señor:

¡Debemos aprovechar el momento!

A medida que he conversado con líderes cristianos de todo el país he estado oyendo el mismo refrán: *¡Carpe diem!* ¡Aproveche el día! No deje pasar la oportunidad dada por Dios. La Biblia dice que Dios hará «todas las cosas mucho más abundantemente de lo que pedimos o entendemos, según el poder que actúa en nosotros» (Efesios 3:20). Sin embargo, para que eso suceda debemos ser hombres de acción, hombres listos a responder por fe a lo que Dios ha comenzado.

Como dijo Pablo, «mirad, pues, con diligencia cómo andéis, no como necios sino como sabios, aprovechando bien el tiempo, porque los días son malos» (Efesios 5:15–16). Millones de mujeres –esposas, madres, hermanas e hijas– han estado orando para que los hombres del mundo respondieran al Señor. Creo firmemente que esas oraciones se están contestando ahora. ¡El Espíritu de Dios está llamando a los hombres a levantarse! ¡Y ellos lo están haciendo! Están creciendo en una nueva y más profunda intimidad con Jesús, y mediante su poder están tomando la iniciativa espiritual en sus hogares, iglesias, amistades, y comunidades. Se están tomando vigorosamente una vez más las responsabilidades que los hombres abandonaron hace mucho tiempo. Los hombres están levantándose para ser lo que Dios quiso que fueran inicialmente: hombres de integridad, hombres que cumplan sus promesas.

Kairós

La palabra griega para *oportunidad* –tal como aparece en la Biblia– es *kairós*. Los estudiosos nos dicen que significa «oportunidad favorable».

Sus derivados implican «el momento apropiado; algo que sólo dura por un poco de tiempo». *Kairós* significa una oportunidad dada por Dios que se ofrece a la humanidad en un momento específico en el tiempo. Sin embargo, la palabra implica que hay un riesgo –*un riesgo de fe*. En otras palabras, a medida que el tiempo pasa, la oportunidad puede perderse.

Es lo que sucedió a los israelitas cuando no pudieron entrar en la tierra prometida. Dios dijo a Moisés: «Envía tú hombres que reconozcan la tierra de Canaán, la cual yo doy a los hijos de Israel» (Números 13:2). Por eso es que Moisés reunió a los líderes de las doce tribus y los envió a explorar Canaán y volver con un informe. Durante el año anterior, esas personas habían sido testigos de las más espectaculares señales del favor de Dios, que ninguna nación jamás podía haber esperado ver. Dios humilló al faraón por medio de las diferentes plagas y la Pascua. Luego dividió las aguas del Mar Rojo y más tarde destruyó el ejército de Egipto cuando cerró las mismas aguas. Los israelitas habían visto a Dios proveerles agua en el desierto y habían comido maná, la prueba diaria de que El no los había olvidado. Ahora Dios quería cumplir su promesa hecha a Abraham y pelear por sus hijos mientras entraban en la tierra prometida. Ese fue el momento del favor de Dios.

Cuando los exploradores regresaron de Canaán, cuarenta días más tarde, su informe no dejó duda en las mentes del pueblo de que la tierra era, en verdad, muy buena: «Una tierra que fluía leche y miel». Uno pensaría que ahora el pueblo se regocijaría por la bondad de Dios y tomaría su tierra de la promesa. Pero no lo hizo.

Aparte del temor por sus propias incompetencias, dudaron de la voluntad y del poder de Dios para triunfar a través de ellos. Debido a los numerosos enemigos que habían visto, diez de los exploradores convencieron a Israel de volverle la espalda a esta oportunidad dada por Dios y regresar a su relativa seguridad en el desierto. A pesar de las protestas de Moisés, Josué y Caleb, el pueblo rechazó la *kairós* de Dios. Por no aprovechar el momento sellaron su destino. La ventana de la oportunidad se cerró de pronto, y por eso toda esa generación vagó por el desierto y pereció fuera de la voluntad de Dios.

Sin embargo, Dios permaneció fiel. La tierra prometida esperaría hasta que otra generación respondiera en obediencia y fe. Esas personas creyeron que el poder de Dios, obrando a través de ellos, era más grande que la fuerza del enemigo que se les oponía. ¡Y así fue! Conquistaron la tierra prometida y nos dejaron una clara lección.

En el curso diario de los eventos humanos, las oportunidades únicas para cambiar el destino de una persona o de un pueblo, aparecen por un momento. La prueba de que esa persona va a reconocerlas y responder en obediencia al que las está ofreciendo es el confiar en su capacidad para obrar a través de ellos, a fin de cumplir sus propósitos.

La respuesta de un hombre

«¿Qué pasaría –dijo el entrenador McCartney en aquella conferencia –si un estadio lleno de hombres en cada estado del país comenzara a tomar en serio la palabra de Dios?» ¿Puede usted imaginárselo? ¿Qué pasaría si cientos o miles de hombres comenzaran a aprovechar el momento con Dios, con sus familias, en sus iglesias y en sus comunidades? ¿Cómo sería si los hombres se reconciliaran con Dios y con su voluntad en todas las áreas de sus vidas? ¿Qué pasaría si se reunieran todos juntos en base a . lo que tienen en común: su amor por Jesús? Esta es la esperanza de los Cumplidores de Promesas: que los hombres se atrevan a entrar en la lucha por la justicia, y hombro con hombro aprovechen esta divina oportunidad para extender el Reino de Dios.

En 1990 unos pocos hombres se atrevieron a hacer precisamente eso. El entrenador Bill McCartney y el doctor Dave Wardell pidieron a setenta de sus amigos reunirse para orar. Fue un pequeño comienzo; no había reporteros ni toque de trompetas, sólo un ordinario grupo de hombres con un sencillo –pero profundo– desafío: «¿Se comprometen a un mutuo discipulado, tendiéndoles la mano a otros, y buscando el favor de Dios para un avivamiento nacional?»

¡Fue poner el dedo en la llaga! Esos hombres estaban animados por la idea de un movimiento que pondría su atención en los hombres. El tiempo parecía apropiado, y aquí estaban dos hermanos en Cristo listos para hacer algo. En verdad ellos quisieron hacer algo que muchos pensaban que no sería posible. ¡Quisieron llenar un estadio con hombres para honrar a Jesús y recibir entrenamiento en lo que significa ser un hombre de Dios! Aunque esto representaba un desafío muy significativo, aquellos setenta amigos y compañeros pronto se dieron cuenta de que esto era más que una invitación de un entrenador cristiano de fútbol americano. Dios había usado a un hombre común para que hiciera una invitación que venía del corazón de Dios, para participar de algo mucho más grande de lo que ellos jamás pudieran imaginar. Se comprometieron a orar, a ayunar y a hacer planes por una conferencia de Cumplidores de Promesas para los hombres de Colorado.

En julio de 1991, un año más tarde, 4.200 hombres se presentaron, y así nacieron los Cumplidores de Promesas. En julio de 1992, asistieron 22.000 hombres, y una nación que buscaba esperanza empezó a tener noticias de ella. A medida que los hombres encontraban verdadera ayuda a problemas reales, matrimonios y familias se reconciliaban, y los hombres volvieron a mirar al futuro de Estados Unidos –sus propios hijos, sus iglesias y sus comunidades.

Luego, en el verano de 1993, en Bolder, Colorado, más de 50.000 hombres llenaron el estadio de fútbol de la Universidad de Colorado para expresar el propósito de aprender a tomar en serio la palabra de Dios. Los más connotados maestros bíblicos del país estuvieron allí para ayudar enese propósito. Cuando los hombres no estaban alabando a Dios por medio de cánticos, se encontraban en sesiones en materias tales como integridad en el trabajo secular, nutrición de la vida familiar y reconciliación racial. El favor de Dios era obvio.

Cuando 50.000 hombres levantaron sus voces en un espíritu de unidad y comenzaron a glorificar a Dios, entonces sucedió algo. Más de 4.000 de ellos pasaron adelante para reconciliarse con Jesucristo. La noche siguiente, más de 1.000 pastores pasaron adelante; los asistentes, puestos de pie, los ovacionaron, mientras ellos decidían rededicarse como líderes de la Iglesia.

Desde esa conferencia hemos recibido miles de cartas en las que nos cuentan cómo los prisioneros se han reformado, los matrimonios restaurado y los muchachos redimido. Los pastores nos escriben para contarnos cómo se renuevan sus iglesias. Y ahora, a lo largo y ancho de todo el país, los hombres están cruzando las barreras socioeconómicas, raciales y denominacionales que tradicionalmente nos mantuvieron lejos de ser un Cuerpo, moviéndose al unísono bajo el liderazgo de Jesucristo. Creo que Dios está honrando la petición del apóstol Pablo:

> «Pero el Dios de la paciencia y de la consolación os dé entre vosotros un mismo sentir según Cristo Jesús, para que unánimes, a una voz, glorifiquéis al Dios y Padre de nuestro Señor Jesucristo.» (Romanos15:5–6)

En julio de 1993, diferentes hombres de todos los colores y denominaciones cantaron «Dejad que caigan los muros» y luego se abrazaron unos a otros como hermanos en Cristo. Observándolos, recordé que esto es también lo que Jesús había orado por sus discípulos la última noche en el Aposento Alto: «Que sean perfectos en unidad, para que el mundo conozca que tú me enviaste» (Juan 17:23). Los muros están cayendo en un nuevo espíritu de unidad. Aunque la verdadera reconciliación y la responsabilidad mutua requerirán más consagración y sacrificio, lo que ya hemos visto representa un nuevo comienzo, una nueva esperanza. ¿Se unirá usted a nosotros?

Oportunidad

Es un poco intimidante darse cuenta de que un «tiempo del favor de Dios» está sobre nosotros. Por lo que hemos visto, eso requiere una respuesta. Es doblemente intimidante que unos pocos hombres comprometidos ya hayan hecho un impacto al comenzar este movimiento. Muchos de nosotros tenemos la tentación de pensar que es demasiado grande para llevarlo a cabo; que en comparación, nuestras vidas son únicamente la rutina de estar atestados de cuentas que pagar, de tratar de agradar al empleador y de edificar sólidos matrimonios y familias. Pero ése es precisamente el punto: para la vasta mayoría de nosotros las rutinas de la vida son nuestras oportunidades divinamente señaladas. Como Pablo dijo:

«Despiértate, tú que duermes, y levántate de los muertos,
y te alumbrará Cristo. Mirad, pues, con diligencia cómo andéis,
no como necios sino como sabios, aprovechando bien el tiempo,
porque los días son malos» (Efesios 5:14–16).

Pablo nos advirtió que *ahora* es nuestra *kairós* personal. Como los hombres de Isacar, que fueron «entendidos en los tiempos» (ver I° Crónicas 12:32), somos llamados a entender nuestros tiempos y a aprovechar el momento. En latín, la palabra *oportunidad* significa «hacia el puerto». En el mundo antiguo los marineros la usaban para describir el tiempo en que las corrientes y los vientos eran favorables para llegar con seguridad al puerto. Cuando llegaba ese momento, ellos izaban las velas para tomar ventaja. De la misma manera, cuando Dios está en acción –y lo está ahora– debemos «despertar» a esa oportunidad, izar nuestras velas a su favor y navegar en su barca, usando el viento y la corriente que El ha creado.

¿Cómo hacemos eso? Los Cumplidores de Promesas creemos que se comienza haciendo algunas promesas –que procuramos cumplir. Esa es la razón por la que hemos escrito *Siete promesas de un Guardador de Promesas*. Estas promesas surgieron después de un tiempo de intensa oración y discusión entre nuestros oficiales y los miembros de la junta directiva. Helas aquí:

1. Un Cumplidor de Promesas se compromete a honrar a Jesucristo mediante la adoración, la oración y la obediencia a la Palabra de Dios en el poder del Espíritu Santo.
2. Un Cumplidor de Promesas se compromete a procurar relaciones vitales con otros hombres, entendiendo que necesita hermanos para ayudarlo a guardar sus promesas.
3. Un Cumplidor de Promesas se compromete a practicar la pureza espiritual, moral, ética y sexual.
4. Un Cumplidor de Promesas se compromete a formar matrimonios y familias sólidos por medio del amor, la protección y los valores bíblicos.
5. Un Cumplidor de Promesas se compromete a apoyar la misión de la Iglesia, honrando a su pastor, orando por él y dando activamente de su tiempo y sus recursos.
6. Un Cumplidor de Promesas se compromete a ir más allá de cualquier barrera racial y sectaria para demostrar el poder de la unidad bíblica.
7. Un Cumplidor de Promesas se compromete a influir en su mundo, siendo obediente al gran mandamiento (lea Marcos 12:30–31) y a la gran comisión (lea Mateo 28:19–20).

Como pueden ver, un Cumplidor de Promesas aprovecha el momento para Jesús haciendo compromisos. ¡Sí; compromisos! No hay cambio para el futuro sin comprometerse a ese cambio. No hay compromiso para cambiar cuando los hombres tienen un cristianismo cómodo que no exige nada en sus vidas. Si somos sinceros debemos admitir que las promesas se han quebrantado. Las relaciones se han deteriorado. Y estamos fuera del camino de Dios. Es tiempo de levantarnos y decir: «¡Esos días pasaron!»

Estas promesas no están diseñadas como una nueva lista de mandamientos para recordarnos lo malo que estamos haciendo con respecto a las –a menudo competitivas– exigencias del trabajo secular, del hogar y del campo misionero. Más bien ellas tienen el propósito de guianos hacia la vida de Cristo y transformarnos interiormente de manera que se pueda ver esa transformación en nuestros hogares, entre nuestros amigos, en nuestras iglesias y, finalmente, en nuestra nación.

¡El tiempo ha llegado! En la última sesión de la conferencia de los Cumplidores de Promesas'93, el entrenador McCartney nos recordó a todos: «¡Hemos estado *en una* guerra, pero no *en* guerra! Si vamos a hacer que las cosas sean muy distintas, se requerirá mucho más de lo que hemos estado haciendo hasta ahora». Mientras hemos estado aletargados en nuestras rutinas, el enemigo ha atacado implacablemente, diezmando la herencia espiritual de Estados Unidos. ¡Si no respondemos ahora, podría pasar la oportunidad!

Sin embargo, cuando estamos en una guerra espiritual, el apóstol Pablo nos advierte: «Si la trompeta diere sonido incierto, ¿quién se preparará para la batalla?» (1ª Corintios 14:8). ¡Tiene razón! Hemos estado demasiado en cuanto a nuestros compromisos por demasiado tiempo. Ya no puede haber más duda o confusión sobre lo que se requiere. Este libro es nuestro llamado de trompeta. ¡Nos da la orden de marchar!

En las páginas que siguen hemos pedido a hombres muy capacitados, guerreros probados, que nos expliquen exactamente lo que se requiere para guardar cada una de las siete promesas. Lea sus palabras cuidadosamente y con mucha oración. Porque aun con su claridad para ayudarnos, la lucha será dura; y nuestro carácter como hombres será probado en ella. Como C.S. Lewis dijo: «El valor no es simplemente una de las virtudes, sino la forma de cada virtud en el momento de la prueba».

También hemos incorporado en el libro, después de cada una de las siete promesas, una oportunidad para que usted, personalmente, evalúe su vida a la luz de lo que ha leído. Luego, lo animamos a trabajar con el libro, al menos por unas ocho semanas, en grupos pequeños de hombres –tres a cinco es un número ideal. Esto le dará una oportunidad de hablar sobre lo que ha leído y lo animará a ayudar a los demás a implementar los compromisos que usted hace. Se provee una guía de discusión para el trabajo en grupo.

Pida al Espíritu Santo que le dé esa clase de hambre que producirá cambio. Le advierto que éste es un proceso poderoso. Veinticuatro hombres de una iglesia en Wichita, Kansas, asistieron a las reuniones de los Cumplidores de Promesas'92 y luego formaron un grupo que se reunió semanalmente para animarse y apoyarse unos a otros. Uno de ellos había sufrido una pérdida en su negocio, pero parecía aceptarla muy bien. Había encontrado un nuevo trabajo y parecía estar feliz con él. En una de sus reuniones vieron el video de los Cumplidores de Promesas'92: «El hombre y su familia», producido por Gary Smalley. Todos apreciaron el mensaje –o por lo menos así parecía.

La noche siguiente, uno de los hombres, Howard Buhre, recibió una llamada telefónica de la esposa del hombre cuyo negocio había fracasado. Llorando le dijo que su esposo le había pedido el divorcio –que le había dicho que no la quería más y que ella estaría mejor sin él.

Howard entró inmediatamente en acción. Al día siguiente se puso en contacto con el hombre en su trabajo. Después de insistir un poco, el hombre accedió a reunirse con un consejero. «El hombre y su esposa se reúnen ahora con un consejero –informó Howard, –y el grupo de los Cumplidores de Promesas está pagando los gastos de la consejería. Después que el consejero vio lo que el grupo estaba haciendo, rebajó 40% sus ya bajos honorarios. Parece que el matrimonio se salvará».

Creemos que el Señor extiende ahora su *kairos*, una oportunidad para hacer que las cosas sean muy distintas. Pero sus hijos deben responder y hacer los compromisos que creemos para aprovechar el momento –¡las siete promesas de un Cumplidor de Promesas!

¿Esta seguro de ser un cristiano?

Usted necesita hacer cinco cosas para formar parte de la familia de Dios. Si aún no las ha hecho, le propongo hacerlas ahora, si está sinceramente listo.

1. **Admita** su necesidad espiritual: «Soy un pecador.»
2. **Arrepiéntase**. Vuélvase de su pecado y, con la ayuda de Dios, comience a vivir para agradarle.
3. **Crea** que Jesucristo murió en la cruz y resucitó por usted.
4. **Reciba** a Jesucristo en su corazón y en su vida mediante la oración. Ore al Señor con una oración parecida a la que sigue a continuación, con toda la sinceridad de su corazón:

Querido Señor Jesús,
sé que soy un pecador, creo que tú moriste por mis pecados, y luego te levantaste de la tumba. En este momento, yo dejo mis pecados y te abro la puerta de mi corazón y de mi vida, recibiéndote como mi Señor y Salvador personal. Gracias por salvarme. Amén.

5. Luego **cuente** a un amigo creyente y a un pastor, acerca de su compromiso.

Aproveche el momento

Evaluación personal

Señale cuál es la descripción que expresa mejor su relación actual con Jesús:

_____ Esta es la primera vez que lo pienso.

_____ Lo he pensado, pero no estoy seguro de estar listo para tomar ninguna decisión.

_____ No he hecho ningún compromiso con Cristo, pero estoy listo para hacerlo.

_____ Creo que he hecho un compromiso con Cristo, pero no estoy seguro.

_____ Sé que he hecho un compromiso y una entrega personal de mi vida a Cristo.

Evaluación en el grupo

En ésta, su primera reunión, tómense el tiempo necesario para conocerse unos a otros. Las siguientes preguntas los ayudarán en esto.

1. Complete cada una de las siguientes afirmaciones en sesenta segundos (cada miembro debe hacerlo).
   a) Las prioridades de mi vida son...
   b) Yo describiría la relación con mi padre como...
   c) Un hombre al que admiro grandemente es..., y la razón es...

2. Diga al grupo, en un minuto, lo que a usted le gustaría ver realizado en su tiempo juntos, durante las próximas ocho semanas (cada miembro debe hacerlo).

3. Exprese brevemente dónde está usted en su relación con Jesucristo. Refiérase a la evaluación personal de arriba. Indique cuál de las cinco descripciones se aplica a usted y por qué (cada miembro debe hacerlo).

Nota: No debe haber presión alguna para «contestar correctamente» o hacer una decisión que alguien no está listo a tomar. El propósito de compartir es señalar sinceramente dónde está usted en su relación con Dios, y ayudar a otro a ir mucho más profundamente en esa relación. Por otro lado, alguno del grupo puede estar listo a hacer su entrega a Jesucristo. El grupo debe animarlo y puede orar con él mientras pide que Jesús entre en su vida.

4. Revise las siguientes afirmaciones:

- Acepto estar en estas reuniones por las próximas ocho semanas.
- Convengo en hacer lo mejor que pueda para ser honesto con ustedes cuando nos reunamos y discutamos las preguntas que ha   al final de cada sección de este libro.
- Convengo en que todo lo dicho aquí será absolutamente confidencial.

¿Se siente bien usted con estos tres compromisos? Si es así, pónganse de acuerdo para cumplirlos fielmente el uno con el otro.

¡Ahora prepárese para ver lo que Dios tiene guardado para usted!

Versículo para memorizar: «Porque [Dios] dice: en tiempo aceptable te he oído, y en día de salvación te he socorrido. He aquí ahora el tiempo aceptable; he aquí ahora el tiempo de salvación» (2ª Corintios: 6:2).

Tarea para la semana

Lea la primera sección del libro: «El hombre y su Dios», antes de la próxima reunión.

El hombre y su Dios

Un Cumplidor de Promesas se compromete
a honrar a Jesucristo por medio de la adoración,
la oración y la obediencia
a la Palabra de Dios
en el poder del Espíritu Santo.

PROMESA 1

Introducción

Al final de su Sermón del Monte, Jesús dijo que cualquiera que oyera sus palabras y las pusiera en práctica sería como «un hombre prudente, que edificó su casa sobre la roca. Descendió lluvia, y vinieron ríos, y soplaron vientos, y golpearon contra aquella casa; y no cayó, porque estaba fundada sobre la roca» (Mateo 7:24-25).

Hay una cosa de la que podemos estar seguros en la vida: tarde o temprano enfrentaremos tormentas. Muchos de nosotros ya hemos sufrido, o estamos sufriendo al momento, tiempos difíciles. Lo importante en esta primera promesa es el fundamento sobre el cual descansamos. No podemos evitar la tormenta, pero sí podemos sobrevivir a ella. Eso es lo que esta promesa significa: el compromiso sobre el cual descansan todas las otras promesas es el que mantenemos con Jesucristo.

Tres hombres bien equipados nos dirigirán a un entendimiento más profundo de esta promesa. Jack Hayford es el pastor de la iglesia The Church on the Way, en Van Nuys, California. El ha escrito y compuesto la música para cientos de himnos, el más conocido de ellos es «Majesty» (Majestad). El nos ayudará a comprender, en primer lugar, lo que significa adorar.

En el siguiente artículo Wellington Boone explicará por qué los hombres deben orar. El pastor Boone trabaja con iglesias y ministerios nacionales que promueven el avivamiento espiritual entre la juventud de color. Su mensaje de oración, reconciliación y unidad abarca a todas las razas y denominaciones.

Y luego, Edwin Cole nos trae el tema de nuestra palabra y la Palabra de Dios. En este extracto de *Strong Men in Tough Times* (Hombres fuertes en tiempos difíciles) vemos que «nuestra palabra es nuestra atadura», y que de la misma manera, la Palabra de Dios es su atadura. El doctor Cole es fundador y presidente de Christian Men's Network (Red de hombres cristianos). Es también orador, autor de varios éxitos de librería y conferencista que motiva a sus oyentes.

Colocando un fundamento seguro

Por Jack Hayford

Una rubia de ojos llorosos y edificios derrumbados.

Parecían no tener relación alguna, pero no pude escapar a los paralelos que representan.

El primero de ellos era una joven, dulce y amante esposa que esa mañana había venido a mi oficina en busca de asesoramiento. El segundo era las noticias relacionadas con miles que fueron instantáneamente triturados cuando los edificios se derrumbaron en aquel terrible terremoto en México. La esposa llorosa abrió su corazón esa mañana en mi oficina. Mientras hablaba, pensé en las imágenes que había visto en la televisión de multitudes de parientes desesperados, cavando a través de los escombros. Los dos desastres tenían la misma raíz como causa -negligencia en construir estructuras. Pésimos fundamentos hechos para hogares temporales.

La mujer no estaba lamentándose ni quejándose. En realidad nada de lo que decía ponía la culpa del problema en su esposo. Aprecié esa actitud; estaba enteramente lista a aceptar la total responsabilidad de su situación. Pero mientras más le preguntaba, más claro era que cualesquiera que hubieran sido sus fracasos, había una razón triste en el fondo para la falta de desarrollo en su matrimonio. El hombre de la casa *creía* en Dios pero no tenía ninguna clase de método para *adorarlo*.

El esposo tenía algunas nociones a medias, las que utilizaba convenientemente como «jugadas en el fútbol» cuando se enfrentaba con alguna situación desesperada que necesitaba respuesta. Usted sabe lo que quiero decir; era algo así como esto: «Creo en adorar a Dios de acuerdo con los dictados de mi propia conciencia. No creo que necesito estar en una iglesia

–simplemente adoro a Dios en mi corazón, dondequiera que esté. Pienso que se le puede adorar tanto en las montañas como en la ciudad, igual que en la iglesia. Quiero ser sincero acerca de la adoración; no creo que las personas que tratan de demostrar su superioridad sobre los demás yendo a la iglesia sean mejores que yo».

Y la perorata continúa. Es un argumento vacío, urdido por una mente que se ha tomado el tiempo raramente, si acaso, para evaluar la superficialidad de los fundamentos de su pensamiento. Aunque algunas de las ideas de este débil argumento pudieran ser correctas, su meta básica no es asegurar una adoración sincera, sino evitar el compromiso.

El compromiso fundamental

A quién, cómo y cuándo un hombre adora, determina todo en su vida. Esa es la razón por la que la primera promesa que un hombre necesita cumplir es la de que él será *honesto con Dios*. Honestidad con el Todopoderoso Dios –el Creador de todas las cosas, incluyéndonos a nosotros, el Dador de toda vida, incluyendo la nuestra; el Salvador de todos los pecadores, incluyéndonos a nosotros; y el Dueño del destino humano, incluyendo el nuestro– *este* Dios –por encima y más allá de todos los que pretendan su trono– demanda atención a *sus* maneras de adoración. El capricho y la frivolidad de la razón humana, la pretensión y el orgullo de la arrogancia humana, sólo necesitan pasar una vez a través de la llama de su presencia para mostrar lo que son: *nada*. Y una vida edificada con nada como su centro resulta en hogares y relaciones con nada bajo ellos. Como la frustrada esposa en mi oficina, como los edificios derrumbados en México, la «fe» sin fundamento y carente de compromiso para adorar resulta en hogares y en casas sin cimientos y en relaciones sin raíces. Cuando viene la tensión, no pueden resistir la prueba.

¿Cómo puede un hombre encontrar el camino para la adoración que ponga carácter dentro de él, fuerza en los fundamentos de su vida, estabilidad inconmovible en su matrimonio, firmeza en sus relaciones, y confianza en su trabajo y práctica de negocios? La respuesta comienza donde Dios siempre ha comenzado con los hombres: ¡en la adoración!

Un método eterno

Esto no es como si el cuadro y los principios no estuviesen claros. Imagine a Dios presentando a Adán una *adoración redentora* en el huerto, después que el pecado había desfigurado ese marco y la promesa de un Salvador ya había sido dada (lea Génesis 3:15).

Trate de ver a Dios llamando a Abraham a una *adoración llena de fe* y prometiéndole por eso hacer de él un instrumento de bendición para todas las familias de la especie humana (lea Génesis12:1-8).

Vea a Dios llamando a Moisés a una *adoración liberadora*, mostrando cómo el sacrificio del cordero salvaría de la muerte a las familias esclavas y abriría un futuro con sentido (lea Exodo12:1-28).

Véalo llamando a Isaías a una *adoración purificadora*, mientras el joven permanecía en la presencia del Señor, asombrado por la grandeza de Dios, y humillado por su propia pecaminosidad (lea Isaías 6:1-5).

Vea nacer a la Iglesia en una *adoración de poder*, cuando el Espíritu de Dios inició la era de nuestro testimonio como creyentes en Jesucristo. La iglesia alababa a Dios y veía cómo la gracia sobrenatural traía multitudes a Cristo (lea Hechos 2).

Cada una de esas expresiones de adoración tiene una contraparte en la vida del hombre moderno. Cada una tiene una aplicación que puede forjar «material» sólido en el fundamento de la vida de un Cumplidor de Promesas.

1. Adoración redentora

La adoración redentora se centra en la mesa del Señor. Cualquiera que sea su tradición para celebrarla, llámesele comunión, santa cena, o la cena del Señor, todos somos llamados a esta parte fundamental de la adoración cristiana.

Jesús, el constructor de la Iglesia, ordenó que esta práctica regular sea colocada en los fundamentos de nuestra observancia como adoradores (lea 1ª Corintios 11:23-26). El poder de la sangre redentora de Cristo no sólo salva nuestras almas, sino que es también el fundamento de todas las obras redentoras, recuperadoras y renovadoras de Dios.

2. Adoración llena de fe

La adoración llena de fe invita a la acción. Cuando Abraham oyó la voz de Dios, dejó atrás lo que le convenía, se levantó y fue adonde Dios le dijo que fuera (lea Génesis 12).

No es difícil traer esta analogía a uno de los más fundamentales llamados que usted y yo enfrentamos cada semana: el llamado que nos despierta a reunirnos con el pueblo de Dios para adorarlo. Escuche ese llamado: «No dejando de congregarnos, como algunos tienen por costumbre, sino exhortándonos; y tanto más, cuanto veis que aquel día se acerca» (Hebreos10:25).

No podemos escapar al hecho de que la adoración llega a ser intensamente práctica en este punto. Tiene lugar (1) en cierto tiempo, (2) en cierto lugar, (3) con cierto grupo, y (4) por razones muy ciertas. Trate y espiritualice esto de cualquier manera que le agrade –o trate de despreciar a la «Iglesia» como tradicional, ritualista, pasada de moda, o aburrida. Todavía la Biblia tiene un mandato: ¡No la abandone!

Sí; esto cuesta inconveniencia de horario, preparación, tolerancia y gracia, además de nuestra propia humillación. Necesitamos levantarnos, ir, llegar a tiempo, tener una actitud correcta, poner manos a la obra y estar listos para aceptar la opinión de otros (quienes a veces no nos agradan mucho que digamos). El fruto de este compromiso es la colocación de fundamentos fuertes de fe práctica –la fe *real* que sigue a Dios y afecta a otros a nuestro alrededor, como sucedió con Abraham.

3. Adoración liberadora

La adoración liberadora es la que hace libre de ataduras a un hombre, libera a su familia a sus más grandes posibilidades, y abre el camino para el futuro sin el obstáculo del pasado. Eso es lo que sucedió cuando Moisés se sometió a la adoración.

Este tipo de adoración fue revelado más dramáticamente en dos acontecimientos que ocurrieron con poca diferencia de días uno del otro: la Pascua en Egipto y el paso de Israel por el Mar Rojo. La historia contenida en los primeros quince capítulos de Exodo se origina en un encuentro privado entre Moisés y Dios. El resultado fue la liberación de su familia y su propia vida encontró el destino que Dios quería. Veamos, paso a paso, todo lo que sucedió:

1. *Dios llamó a un hombre a su presencia majestuosa* (lea Exodo 3:1-4). Debemos apartar de nosotros las nociones fútiles de que la adoración puede adaptarse a nuestros propios gustos. El hombre que tiene temor de estar cerca de la llama del Espíritu Santo en acción, nunca experimentará una extinción total de su temor y de su orgullo.

2. *Dios llama a un hombre a quitarse los zapatos* (lea Exodo 3:5). El asunto no tenía que ver tanto con los pies, sino con quitar nuestro antiguo soporte. En otras palabras, Dios quiso de Moisés –y desea de nosotros– una voluntad para no poner nada de nuestra propia creación entre El y nosotros. Y permanecer descalzos en el terreno rocoso de un desierto, como lo hizo Moisés, hará que un hombre camine con más cautela delante de Dios.

3. *Dios llama a un hombre a conocer su corazón* (lea Exodo 3:7-8). Note cómo en la presencia de Dios Moisés aprendió acerca del tierno

corazón de Dios su interés amoroso, su naturaleza compasiva y su deseo de sanar y liberar. Usted y yo necesitamos estar en su presencia por la misma razón. Mi familia –la suya también– necesita un esposo y padre que esté regularmente lleno del amor, de entendimiento y la bondad de Dios.

4. *Dios llamó a un hombre al liderazgo* (lea Exodo 3:9-10). Para Moisés, el llamado fue dirigir a una nación, mientras que el suyo y el mío será posiblemente menos visible. ¡Pero sin lugar a dudas, somos líderes! Y no podemos evitar el hecho de que la gente que nos rodea se vea afectada o no, si aceptamos o no nuestro llamado para el propósito de Dios en nuestras vidas.

Lo esencial de todo este encuentro es *cómo* Dios manifestó a Moisés la manera en la que se cumplirían en él sus propósitos. Leemos en Exodo 3:11-12: «Entonces Moisés respondió a Dios: ¿Quién soy yo para que vaya a Faraón, y saque de Egipto a los hijos de Israel? Y El respondió: Vé, porque yo estaré contigo; y esto te será por señal de que yo te he enviado: cuando hayas sacado de Egipto al pueblo, serviréis a Dios sobre este monte».

La respuesta de Moisés fue tan incrédula, como podría ser la suya o la mía: «¿Quién soy yo para que vaya a Faraón, y saque de Egipto a los hijos de Israel?» En definitiva el hombre estaba diciendo: «Ehhh, un momentito, Dios. Yo sé que Tú eres poderoso, pero no creo que yo podría jamás llegar a ser lo que Tú dices que llegaré a ser». La respuesta de Dios fue breve y directa: «Adoraréis a Dios en este monte» (Biblia de las Américas).

Esto fue afirmado tan brevemente, como para pasarlo por alto y dicho de una manera tan simple como para ser increíble. Dios estaba diciendo, «la respuesta a tu pregunta "¿quién soy yo?" está en tu *adoración* hacia mí. ¡Llegarás a saber quién eres, cuando sepas quién soy!»

Chuck era un tipo de apariencia tosca y ruda, alguien a quien le parecía que la adoración era propia de mujeres y niños. Sam era un ejecutivo de negocios –en muchas formas, precisamente lo opuesto de Chuck, excepto por sus conclusiones acerca de la adoración. Ellos ejemplificaban lo que he encontrado que es la más común de las presunciones de parte de los hombres: piensan que la adoración es demasiado mística, demasiado santa, demasiado «más allá» de ellos.

Tanto Chuck como Sam llegaron a ser parte de nuestras reuniones mensuales para hombres, en las que yo había dado prioridad a tres aspectos: (1) directamente al grano, nada de jugar a la adoración, (2) un sincero «dígalo» para cualquiera que esté compartiendo en oración, y (3) una *enseñanza* bíblica, sin rodeos y práctica. Los observaba, como he observado a otros cientos, sentirse libres mediante la adoración liberadora. *Individuos* que rompían la barrera del sonido y cantaban con todo el corazón (sin importarles cuán malas podían ser sus voces); *hombres* que se arrodillaban humildemente, levantando sus voces en una oración conjunta; *hombres* que expresaban su rendición al Todopoderoso, como Pablo pidió que todos los hombres lo hicieran, levantando las manos (lea 1ª Timoteo 2:8). *¡Estos hombres cambiaron!*

4. Adoración purificadora

La adoración purificadora viene de un hombre que *está esperando* en la presencia de Dios. A pesar de todo lo que se diga sobre el lugar esencial de la adoración *colectiva* en la iglesia, no tiene substituto para la adoración *privada* –encontrándose a solas con Dios.

La historia del encuentro cara a cara de Isaías con el Dios viviente relata cuán avergonzado se sintió de su impureza: «¡Ay de mí! que soy muerto; porque siendo hombre inmundo de labios, y habitando en medio de pueblo que tiene labios inmundos, han visto mis ojos al Rey, Jehová de los ejércitos» (Isaías 6:5). En definitiva, «Dios, estoy manchado, y trabajo en un ambiente lleno de palabras obsenas y sin Dios». ¿Suena familiar?

Sin embargo, he encontrado a miles de hombres que han superado el poder de la suciedad personal y social, del lenguaje obseno, de la impureza mental o de los hábitos sucios. Y ellos lo han logrado, no por esfuerzos autoimpuestos o por exigencias de los demás para someterse a una disciplina estricta. ¡Han encontrado pureza mediante el poder de estar en la presencia de Dios!

Escuche las palabras de Jesús: «Bienaventurados los de limpio corazón, porque ellos verán a Dios» (Mateo 5:8). Revise detenidamente este texto, porque muchos que lo leen piensan que quiere decir «todo aquel que es perfecto llegará algún día al cielo». Pero Jesús no estaba hablando de la limpieza o pureza en términos rituales. Hablaba acerca de la definición fundamental: *pureza* es «lo que no está diluido por otras sustancias». Ahora, lleve eso al lugar señalado por Jesús, el corazón de un hombre –allí es donde Dios busca un compromiso no diluido.

¿Qué significa todo esto? La respuesta está en lo que Jesús dijo y no dijo. El *no* dijo: «Bendito los de boca limpia ...manos ...mente ...pies». No, Cristo nos llama tanto a usted como a mí a venir a El sinceramente y con un *corazón completamente abierto* en adoración, a la privacidad de su presencia. Entonces sucederá algo: ¡Si traemos todo nuestro corazón, sin restricción y sin reserva, veremos a Dios!

Eso, mi hermano, no significa que usted o yo tendremos una visión fantástica del cielo, o que veremos ángeles volando en las nubes. Significa que llegaremos a ser candidatos para ver la *naturaleza divina* haciéndose cargo de nuestras vidas, la *mano* de Dios proveyendo para nuestras necesidades, y su *gracia* obrando a través de nuestras manos, palabras y testimonios. *Veremos a Dios.* Es el privilegio de los purificados, de los que tienen una santidad lograda, no por la santidad, sino por la total devoción del corazón en adoración.

5. Adoración que da poder

La adoración que da poder surge de la búsqueda dee Dios que hacen los que receptivamente se abren a la plenitud de su Espíritu Santo. Hechos 2 es un caso de estudio de hombres que habían *caminado* con Cristo, llegando al momento en que fueron *llenos* con su Espíritu y poder. Esto sucedió en una atmósfera de adoración.

El registro de la Biblia se extiende al registro de la historia; los hombres que adoran llegan a ser hombres de poder espiritual. No porque tengan una experiencia mística, sino porque están llenos del poder de Jesús. Su poder se manifiesta no en sus logros personales que les llenen de satisfacción, sino en servicio humilde, oración llena de fe y disponibilidad para permitir que el Espíritu Santo entregue sus dones a través de sus vidas.

La adoración sostiene tambien este poder que da Dios. Haber sido llenos no garantiza estar llenos ahora. Es por eso que el apóstol Pablo ordenó «sed llenos del Espíritu Santo» (Eesios 5:18), luego prescribió la manera para que esa plenitu permanezca: «Hablando entre vosotros con salmos, con himnos y cánticos espirituales, cantando y alabando al Señor en vuestros corazones» (Efesios 5:19). Allí está puesto tan claramente como es posible: la *adoración mantiene la llenura del Espíritu Santo.* Una vida de poder se mantiene por una persona que pasa tiempo diariamente en la presencia de Dios -orando.

Preséntese usted mismo a Dios

Ningún texto en Biblia dice esto más claro:

> «Así que, hermanos, os ruego por las misericordias de Dios, que presentéis vuestros cuerpos en sacrificio vivo, santo, agradable a Dios, que es vuestro culto racional. No os conforméis a este siglo, sino transformaos por medio de la renovación de vuestro entendimiento, para que comprobéis cuál sea la buena voluntad de Dios, agradable y perfecta» (Romanos 12:1-2).

Las palabras anteriores llaman a todo el ser de un hombre –cuerpo, mente, emociones, espíritu– a presentarse a Dios en adoración. El resultado es la *transformación* de la manera de pensar del mundo a la manera de pensar de Cristo, y la *prueba* de la voluntad de Dios –que es demostrada y verificada en su vida.

La infusión de esta clase de «material» en un hombre pone sustancia en su carácter, concreto en los cimientos de su familia, acero sagrado en la fortaleza de su alma, y peso en su persona y presencia. La primera prioridad de del Cumplidor de Promesas es la *adoración*. Porque al encontrar al Todopoderoso, el fundamento de todas las «promesas de la vida que todavía hay por cumplir», se coloca en lo inconmovible de su ser. Es el lugar más fuerte para que cualquiera de nosotros pueda permanecer.

Y nosotros permanecemos mejor cuando hemos aprendido primero de rodillas a: *adorar.*

Por qué los hombres deben orar

Por Wellington Boone

Hoy día nos enfrentamos a una cultura en continua decadencia. El número de crímenes violentos en los Estados Unidos, por ejemplo, ha aumentado 500% desde 1960, mientras que la población ha aumentado sólo 43%. Durante el mismo período, los nacimientos ilegítimos aumentaron más de 400%. Los Estados Unidos tienen la tasa más elevada de embarazos juveniles, abortos y nacimientos en el mundo industrializado. Desde 1960 hasta 1993, los exámenes de aptitud escolar cayeron 67 puntos. Podría continuar y continuar, pero ustedes ya tienen la idea. No hay duda alguna de que la situación es horrible. ¿Qué podemos hacer los hombres para producir un cambio?

Bueno, podemos hacer algo, podemos orar por un avivamiento.

Antes que usted rechace esta idea como simplista, considere que ésta no es la primera época en que un país ha enfrentado tal crisis. En 1735 Gales declinaba política y espiritualmente. Hubo un resurgimiento de lo oculto y una renovada práctica de la adivinación y de la magia negra.

En ese mismo año, un joven llamado Howell Harris se convirtió al cristianismo. Muy pronto después estaba orando en la aldea donde era maestro, y Dios lo tocó poderosamente. A él nada le parecía imposible. Comenzó a viajar por todas partes y predicó por donde quiera que iba, hasta que todo el sur de Gales despertó. Aun criminales notorios se convirtieron y cambiaron sus vidas.

El secreto de la influencia de Harris sobre las masas era la oración. Entendió que sin oración personal, comunión privada con Dios, no se podía hacer nada; ni en él mismo ni en esta turbada nación.

En cada generación, el avivamiento ha venido como resultado de la oración. Por ejemplo, oración poderosa precedió al primer gran avivamiento de Estados Unidos, que dio a los colonos una visión bíblica unificada de los principios de libertad y los ayudó a preparar el camino para la revolución norteamericana. El segundo gran avivamiento, que precedió a la guerra civil, trajo una convicción de Dios de que la esclavitud era un pecado. Fue dirigido por hombres como Carlos Finney, quien oró durante horas y horas, y días tras días.

Dios todavía necesita hombres que, como Harris y Finney se den a sí mismos a la tarea de orar, para luego ir a los sitios donde el Espíritu Santo los envíe.

El avivamiento es el movimiento del Espíritu Santo de una manera extraordinaria que hace que multitudes se sientan atraídas a Cristo. Eso es lo que necesitamos ahora. Estados Unidos necesita un avivamiento. La iglesia necesitan un avivamiento. Las familias necesitan un avivamiento. Los hombres necesitan un avivamiento.

La oración que enciende la chispa del avivamiento comienza mucho antes que el país pareciera que va a despertar de su adormecimiento en el pecado. Comienza cuando los hombres caen sobre sus rodillas y claman a Dios. Allí es donde tiene lugar la verdadera intimidad con Dios e iniciamos el viaje de transformación a la imagen de Cristo. Y cuando los hombres son transformados el curso de una nación puede cambiarse.

Hace pocos años, me di cuenta, de una manera muy convincente, de que es necesario que el avivamiento comience dentro del individuo que ora. Manejaba a través del país, desde mi hogar en Virginia, en lo que llamo una «oración sabática», algo que hago cada año para estar a solas con Dios. Mientras conducía, orando, le pedía a Dios que cambiara los corazones en los barrios pobres de la ciudad y que trajera otro gran avivamiento. Repentinamente, la historia bíblica del ciego Bartimeo vino a mi mente. Bartimeo odiaba estar ciego, y yo estaba conmovido por su celo. Cuando oyó que Jesús se aproximaba clamó: «¡Jesús, Hijo de David, ten misericordia de mí!» (Marcos 10:47).

Entonces pensé: *También yo estoy ciego porque no conozco mi propio corazón. Estoy orando porque Dios obre en los barrios pobres de las ciudades, sin embargo, soy yo quien necesita que Él obre en mí. Bartimeo tenía más deseo de ser curado de su ceguera física de lo que yo tengo de ser sanado de mi ceguera espiritual.*

Al darme cuenta de esa situación, clamé en voz alta en el auto: «¡Jesús, Hijo de David, ten misericordia de mí!» ¿Quién era yo para pedir un cambio en otros cuando yo mismo permanecía sin cambio? Esa experiencia comenzó en mí un avivamiento que todavía influye en mi vida y en mi ministerio.

Necesitamos ver nuestros propios corazones para que de esa manera Dios nos pueda cambiar –avivamiento personal– y luego nos use para mejorar nuestros hogares, lugares de trabajo, iglesias y toda la sociedad.

Antes de sugerir algunos pasos en el proceso de la oración que cambia la vida, permítame advertirle que uno de los más grandes obstáculos para desarrollar una relación personal con Dios son los programas preparados de antemano que le dicen cómo orar. Un hombre debe sentirse atraído a Dios solo, allí va a encontrar su manera de «cómo hacerlo».

Moisés encontró a Dios en la zarza ardiente.

David escribió muchas de sus oraciones en forma de poesía y música.

Elías se escondió en una cueva y allí escuchó la tierna y apacible voz de Dios.

Jesús se encontró con el Padre en el desierto.

Usted necesita encontrar para sí mismo las cosas que mantienen fresca su relación con Dios. Sin embargo, la mayoría de las personas puede beneficiarse de unas sugerencias un poco prácticas para ayudarles a entender dónde comenzar.

El Espíritu Santo nos dirige a una relación personal de oración con Dios mediante cuatro etapas. Creo que son pasos inevitables en el proceso de crecimiento, cuando dejando de enfocar nuestras propias necesidades, nos concentramos en el privilegio de adorar a Dios. Después de todo, en su sentido más vedadero, adorar significa *entregarse a Dios*. Significa olvidar todo acerca de nosotros mismos para disfrutar la alegría de conocerle a El.

Estas cuatro palabras resumen las cuatro etapas para entrar en una relación de oración con Dios: amor, intimidad, privilegio, y responsabilidad. Miremos a cada una de ellas en orden.

Amor

La iniciativa de amar es siempre primero del Padre. «Porque de tal manera amó Dios al mundo, que ha dado a su Hijo unigénito, para que todo aquel que en El cree no se pierda, mas tenga vida eterna» (Juan 3:16). Aun nuestra salvación es una respuesta al amor de Dios. La Biblia dice que es la bondad de Dios la que conduce a los hombres al arrepentimiento.

La primera vez que nos rendimos a Dios es cuando venimos a El para salvación. Reconcocemos nuestra pecaminosidad. Le agradecemos por darnos a su Hijo para ser nuestro salvador. El nos abraza. Nos sumergimos en su amor. Y nos encontramos siendo uno con el Padre.

Intimidad

Cuando estamos a solas con Dios no hay más distracciones para el desarrollo de la intimidad. Somos nosotros y El. El resto del mundo debe esperar.

La verdadera oración no es una corriente retórica de palabras elocuentes. Es la expresión de un profundo anhelo que nace del amor. Cuando estamos enamorados de alguien, siempre buscamos maneras de emplear el tiempo con la persona amada. Presionamos para que la relación se desarrolle en todo sentido.

Encontrar a Dios es el comienzo. Ir conociéndolo es el viaje. Gran cantidad de personas lo han encontrado en gracia salvadora, pero todavía no han venido a El para conocerlo en la intimidad, al lugar donde comienza a impartir un sentido de divina separación para cumplir sus propósitos.

Privilegio

De la atmósfera de intimidad nace la confianza. Donde hay confianza hay otorgamiento de privilegios. ¡Qué privilegio conocer y entender a Dios! ¡Qué privilegio comprenderlo a través de una relación viva! El privilegio más grande que cualquier creyente puede tener es el acceso ante el Dios Todopoderoso, en la confianza de que El contestará la oración.

Responsabilidad

Si creemos verdaderamente que Cristo está vivo, haremos lo que sea por El, porque creemos en Dios para todo, y sabemos que El es omnipresente. Sabemos que El se identifica con nosotros como su Cuerpo. Reconocemos que no sólo es el Señor de nuestras vidas, sino que también tiene la responsabilidad por nosotros y que nos da responsabilidades para con El.

Cuando Dios le concede el privilegio de conocerlo, no lo hace para que usted pueda satisfacer sus necesidades. Lo hace para El poder cumplir su voluntad. La oración no contestada es una falla en acercarse a Dios en base a su voluntad. porque «esta es la confianza que tenemos en él, que si pedimos alguna cosa *conforme a su voluntad*, él nos oye» (1ª Juan 5:14) (énfasis agregado).

Oración por avivamiento

Algo que sabemos que Dios quiere de su pueblo es que oremos por un avivamiento. Pero si éste va a venir, debe haber un cambio en las vidas de oración de los hombres en Estados Unidos. Es tiempo para que volvamos a nuestras rodillas y permanezcamos allí hasta que algo suceda.

El profeta Oseas dijo: «Sembrad para vosotros en justicia, segad para vosotros en misericordia; haced para vosotros barbecho; porque es el tiempo de buscar a Jehová, hasta que venga y os enseñe justicia» (Oseas 10:12).

Dios está buscando un grupo de hombres de valor que estén dispuestos a hacer lo que sea necesario para traer otro gran despertar espiritual.

En nuestro ministerio tenemos un acróstico de la clase de vida de oración que se necesita llevar para que haya un cambio. La palabra es PUSH –que en inglés significa *empujar* y son las siglas de la frase Pray Until Something Happens (Ore hasta que algo suceda). El acróstico establece también cuatro pasos que usted tiene que dar para que haya un avivamiento personal, familiar y nacional.

P: Purifíquese

Escudriñe su corazón. Arrepiéntase de todo pecado conocido. El profeta Oseas dijo: «Sembrad para vosotros en justicia». Pablo escribió: «Limpiémonos de toda contaminación de carne y de espíritu, perfeccionando la santidad en el temor de Dios» (2ª Corintios 7:1).

Usted necesita sembrar la palabra de Dios dentro de sí mismo hasta que vea que es un pecador a la luz escudriñadora de la justicia de Dios. El salmista escribió: «La exposición de tus palabras alumbra» (Salmo119:130). Cuando peca, vuélvase rápidamente de su pecado y clame por la misericordia de Dios.

U: Unase a la práctica divina de ejercer la misericordia

Necesitamos recibir misericordia de Dios, y necesitamos dar misericordia como embajadores de Cristo a una generación perdida. «A algunos que dudan, convencedlos» (Judas 22). Jesús dijo: «Bienaventurados los misericordiosos, porque ellos alcanzarán misericordia» (Mateo 5:7).

Su avivamiento personal espera que usted esté dispuesto a perdonar a todos los que le han ofendido y a buscar el perdón de otros a los que usted ha ofendido (lea Marcos 11:25–26).

S: Santifíquese

Aprenda a vivir una vida de responsabilidad personal ante Dios. Sir tomar en cuenta lo que otros consideren justo, manténgase «sin mancha del mundo» (Santiago 1:27). Manténgase separado para los propósitos de Dios. Como Dios dijo: «Habitaré y andaré entre ellos, y seré su Dios, y ellos serán mi pueblo. Por lo cual, salid de en medio de ellos, y apartaos dice el Señor» (2ª Corintios 6:16–17).

La separación para Dios no significa que dejamos el mundo o descuidamos nuestras familias. Es precisamente lo opuesto. Significa que nuestro compromiso con el Dios viviente, santo y justo, llega a ser evidente a todos los que nos rodean.

Oseas dijo: «Haced para vosotros barbecho». Debemos aprender a obedecer inmediatamente todo lo que Dios nos manda a hacer. No queremos tener más un corazón falso hacia El.

H: Haga ayuno en oración

Ore hasta que algo suceda. Orar es trabajar. Es un trabajo bendito, pero es trabajo. Como en cualquier relación, se requiere hacer un esfuerzo para renunciar a algunos de nuestros propios placeres, a fin de brindar placer a otro. El mayor pecado de la Iglesia, hoy en día, es la ociosidad. Somos ociosos en cuanto a la oración. Somos ociosos en cuanto a cambiar nosotros mismos y en cuanto a las buenas obras. Ciertamente, somos ociosos en cuanto a orar para un gran despertar espiritual en Estados Unidos.

Dios ha puesto a nuestra disposición un poder increíble para cambiar esta nación, y todavía permanecemos en nuestro absurdo estado de pecado, quejándonos de las condiciones de América, del crimen en las ciudades y de la corrupción entre los políticos.

Piense sólo en todo el poder que podría ponerse en acción si los cincuenta mil hombres que asistieron a la reunión de Cumplidores de Promesas en Colorado en 1993, comenzara a «empujar» a Estados Unidos en oración. ¿Qué sucedería si cada uno de esos hombres hiciera un compromiso de orar hasta que algo suceda? ¿Puede ver cuán seria podría ser esa fuerza?

El poder para un avivamiento

Nuestro problema es que no entendemos el gran poder que hay dentro de nosotros. No queremos renunciar a nuestras comodidades, como dormir hasta muy tarde en la mañana, a cambio de unos pocos momentos reciosos con Dios. «Yo amo a los que me aman, y me hallan los que temprano me buscan» (Proverbios 8:17).

Nos llamamos hombres de Dios, pero somos a menudo hombres de nuestras propias necesidades. Todas las necesidades serán suplidas sobre nuestras rodillas.

Estados Unidos está enfermo y muriéndose porque su gente ha perdido la esperanza y la visión (lea Proverbios 29:18). Aun la iglesia está sin propósito. ¿Por qué? Principalmente por una falta de fe en Dios. Pero, ¿por qué la gente carece de fe? Porque los que dicen que son hombres de Dios aparentemente son incapaces de lograr un cambio. Dicen que oran y estudian la Palabra, pero sus esposas e hijos ven poca evidencia en sus vidas. Nuestras vidas de oración y estudio deben tener un efecto inmediato y continuo en nuestras familias. Nuestras esposas e hijos deberían ser tan tocados por nuestro amor y misericordia, que quieran emular lo que ven en nosotros del carácter y las cualidades de Cristo.

¿Creemos realmente que Jesús se ha levantado de los muertos y que Dios contesta las oraciones? Si lo creemos –si continuamente desarrollamos esa perspectiva, empleando arrodillados algún tiempo con Dios– llegaremos a ser la fuente de la fe, esperanza y visión que el mundo necesita tan desesperadamente.

Sin embargo, cuando el mundo ve a hombres de Dios sobreponiéndose a la lujuria y el orgullo de su propia vida, y tratando de encontrar un sentido de propósito, su visión de Dios es distorsionada. Un pasaje en Isaías expresa muy bien la futilidad de los hombres cristianos norteamericanos durante los pasados treinta o más años: «Como la mujer encinta cuando se acerca el alumbramiento .... concebimos, tuvimos dolores de parto, dimos a luz viento; ninguna liberación hicimos en la tierra» (Isaías 26:17–18).

El próximo gran avivamiento

Pero por la gracia de Dios, sobre nuestras rodillas todo eso está cambiando. Los Cumplidores de Promesas han llegado a impregnarse de un avivamiento personal. Nuestras vidas cambiadas son obvias. Como una mujer encinta y cerca de su alumbramiento, nosotros los hombres cristianos estamos seremos avivados al acercarse la venida del Señor, de maneras que nunca hemos experimentado.

«Y en los postreros días, dice Dios, derramaré de mi Espíritu sobre toda carne» (Hechos 2:17). No hemos tenido nuestro último avivamiento.

«Antes que estuviese de parto, dio a luz; antes que le viniesen dolores, dio a luz hijo. ¿Quién oyó cosa semejante? ¿quién vio tal cosa? ¿Concebirá la tierra en un día? ¿Nacerá una nación de una vez? Pues en cuanto Sion estuvo de parto, dio a luz sus hijos. Yo que hago dar a luz, ¿no haré nacer? dijo Jehová. Yo que hago engendrar, ¿impediré el nacimiento? dice tu Dios» (Isaías 66:7–9).

Yo creo que la iglesia está de parto y que pronto Dios va a hacer nacer el siguiente gran despertar. Y comenzará con los Cumplidores de Promesas arrodillados en adoración.

Su palabra es su garantía

Por Edwin Louis Cole

Eran cerca de 22.000 los hombres en el estadio al aire libre. Vitoreaban, aplaudían, gritaban y se daban palmadas unos a otros en la espalda con tremendo entusiasmo. Reían, lloraban, y aun cantaban juntos como nunca había visto que lo hiciera alguna otra multitud de deportistas, militares, o políticos. Esta no era una concentración desordenada, un evento deportivo o un desfile militar. Era una reunión de cristianos, y la ocasión, una celebración de su hombría bajo el señorío de Jesucristo.

Mientras me preparaba para dirigirles la palabra me estremecí un poco. ¿Serían adecuadas mis palabras? ¿Cómo podía resumir, en una hora, trece años de enseñanza? ¿Cuál era el tema principal que el Señor quería que presentara por encima de cualquier otro? Había determinado que hablaría sobre lo que el entrenador Bill McCartney me había oído enseñar años antes.

Mirando todo ese estadio de fútbol en un día de mediados de verano, comencé pidiendo a los hombres que hicieran lo que acostumbrábamos hacer en mis reuniones de hombres, saludar entusiastamente a los demás con: «¡Gracias a Dios que usted es un hombre!» Mirándoles sonreír, estrecharse las manos y compartir la alegría de ser hombres, tuve que sentirme lleno de admiración hacia el entrenador McCartney, y su valor para convocar tal evento. El estaba viviendo su meta de despertar a los hombres a la necesidad de ser hombres de palabra.

Mi participación en los Cumplidores de Promesas ese año era la reunión del sábado por la mañana. Los hombres estaban entusiamados y animados, listos para el día. El corazón me latía fuertemente mientras ellos se sentaban y les dirigía las palabras que sentía que Dios me había inspirado a decirles. Y precisamente como presenté ese día el mensaje, así lo presento para ustedes aquí.

La principal señal de hombría es la palabra de un hombre. Para ser conformado a la imagen de Cristo (lea Romanos 8:29), nuestras palabras deben conformarse a la Palabra de Dios. La Palabra de Dios es fuerte; sobrevive a los tiempos difíciles

Cinco proposiciones sobre la Palabra de Dios

He aquí cinco verdades vitales concernientes a la Palabra de Dios:

1. La Palabra de Dios es su garantía

Cuando Dios hizo una promesa a Abraham, como El no podía jurar por nada más grande, juró por sí mismo (lea Hebreos 6:13). En el nuevo pacto establecido mucho tiempo después de Abraham –en el cual Cristo es el mediador– Jesucristo mismo es la palabra que confirma la promesa de salvación.

2. La Palabra de Dios es la expresión de su naturaleza

Jesús vino a la tierra como la «imagen misma» de la persona de Dios (lea Hebreos 1:3). Dijo a Felipe: «El que me ha visto a mí, ha visto al Padre» (Juan 14:9).

Juan 1:1 afirma: «En el principio era el Verbo [o la Palabra], y el Verbo era con Dios, y el Verbo era Dios.» Como el resto de Juan 1 nos aclara, Jesús es esa Palabra viva de Dios. Porque la Palabra de Dios es la expresión de su naturaleza, cuando Cristo vino fue necesario que la Palabra fuera hecha carne (lea Juan 1:14). La misma naturaleza de Dios se revela en El. Asimismo, Jesús se revela en la palabra escrita. Como Jesús es la Palabra de Dios revelada, así la Biblia es la Palabra de Dios revelada a nosotros. Y la Palabra es hecha viva en nuestros corazones por el Espíritu Santo.

3. La Palabra de Dios es la medida de su carácter

Cuando Jesús se refirió a sí mismo como el Alfa y la Omega, estaba usando la primera y última letra del alfabeto griego (lea Apocalipsis 1:8). En otras palabras, El es el principio y el fin. Si estuviéramos usando el alfabeto castellano, El diría: «Yo soy la A y la Z». Piense cuántas veces han sido usadas las veintisiete letras del alfabeto castellano en palabras habladas y escritas desde su principio. Sin embargo, es todavía tan nuevo como el día que fue inventado. Las palabras pueden haber cambiado en su significado, y en la manera de deletrearse o de escribirse, pero el alfabeto en sí

–su capacidad para formar palabras nuevas y expresar nuevos significados– no ha disminuido, es interminable e inmerso. Así también es Jesús.

Piense en todos los sermones de la Palabra de Dios que han sido predicados; en toda la revelación de la Palabra que es conocida, y en los libros escritos respecto a ella. Sin embargo, es todavía tan nueva como el día en que fue dada. No hay fin para el carácter de Dios, e igualmente, no hay fin para su Palabra. No importa cuánto El revele de sí mismo, aun en la eternidad, no habrá fin para la revelación de su carácter. La medida del carácter de Dios está en su Palabra.

4. La Palabra de Dios es magnificada sobre su nombre

El nombre de Dios es tan bueno como su Palabra. Si su Palabra no fuera buena, su nombre no sería bueno.

La fe es por el oír, y el oír, por la Palabra de Dios, dice la Biblia (lea Romanos 10:17). La oración de fe es hecha siempre en base a su Palabra. El uso de su nombre es predicado en su Palabra. Cuando Jesús dijo que se usara su nombre (lea Marcos 16:17), estaba diciéndonos literalmente que se usara su autoridad.

5. La Palabra de Dios es la única fuente de fe y la regla absoluta de conducta

«No hay otro nombre bajo el cielo, dado a los hombres, en que podamos ser salvos» –sólo el nombre de Jesucristo (Hechos 4:12). Solamente la Palabra de Dios –Jesús– aceptada por fe, tiene el poder de salvación. Y una vez salvo, «no sólo de pan vivirá el hombre, sino de toda palabra que sale de la boca de Dios» (Mateo 4:4). Su Palabra permanece segura.

La importancia de nuestra palabra

La historia tiene una manera de repetirse, y aunque la cultura puede cambiar, la naturaleza del hombre permanece igual. Vivimos en un día como el del profeta Isaías. En un tiempo, él dijo a su generación y a su nación que sus trasgresiones no serían desconocidas para ellos (lea Isaías 59:12). Los pecados que testificaban contra ellos estaban en «prevaricar y mentir contra Jehová, y el apartarse de en pos de nuestro Dios; el hablar calumnia y rebelión, concebir y proferir de corazón palabras de mentira»(Isaías 59:13). Isaías dijo que «el derecho se retiró, y la justicia se puso lejos» (Isaías 59:14).

Los hombres familiarizados con las normas de la Palabra de Dios conocen los pecados de sus naciones, saben cómo la gente se trata mal entre sí y se ha rebelado contra la autoridad constituida en ciudades y hogares. Para mí, en los Estados Unidos parece a veces que el juicio está tornándose al revés y que nuestro sistema de jurisprudencia está más preocupado acerca de los derechos de los criminales que sobre los de las víctimas. La justicia parece estar «retrocediendo» y es difícil encontrarla para el hombre común; sin embargo, parece que ciertas personas pueden comprarla.

Isaías, hablando por el Espíritu de Dios, dijo que la razón de nuestros males es que «la verdad tropezó en la plaza .... y la verdad fue detenida» (Isaías 59:14–15).

Recientemente, mientras me preparaba para mi primer viaje ministerial a una parte del mundo liberada últimamente del comunismo, hablaba con un hombre de esa nación. «Me siento impresionado– le dije, –que deba hablar sobre la Palabra de Dios y la palabra del hombre, y acerca de cuán importante es encontrar hombres de palabra y amantes de la verdad».

«En mi país– dijo él lentamente, con una amable pero triste expresión, –usted tendrá primero qué enseñarnos cuál es la verdad. Mi pueblo ya no la conoce».

Con posterioridad al colapso del comunismo, la población de su patria se dio cuenta de la terrible realidad: sus líderes les habían estado mintiendo por años. En el trauma de enterarse de las mentiras y tratar de encontrar la verdad, muchos ciudadanos preferían abiertamente el volver a como eran las cosas antes. Por lo menos, entonces, ellos podían creer algo en ignorancia. Descubrir la verdad fue tan duro para ellos como excavar para buscar oro y plata. No sabían qué creer, y antes que tratar de encontrar la verdad, estaban contentos con una mentira.

Un número reciente de la revista *Time* publicó un artículo titulado: «Mentir», lo cual fue calificado como la plaga epidémica en el carácter nacional de los Estados Unidos. El escritor anticipó una premisa de que «todo el mundo lo hace». Por su prevalencia, mentir fue visto como la norma: antes que la excepción. Pero como una carta al editor más tarde lo decía, «¡Pienso que no hay mejor manera de animar a mentir, que decir a la gente que todos lo hacen!» (*Time*, oct. 26, 1992, p. 6).

Las proposiciones de la Palabra de Dios, y la abrumadora ausencia de verdad en el mundo actual tienen una relevancia tremenda en la manera en que viven los hombres. El libro de Génesis narra la creación del hombre y afirma que Adán fue creado a la imagen de Dios, incluyendo su semejanza moral (lea Génesis 1:26–27). Dios se invistió a sí mismo en Adán. En esa divina concepción, dotó al hombre de poder creativo, para reproducirse y hablar.

Que en la humanidad se reproduzca la imagen de Dios es una de las maravillas más grandes del universo. Lo que se forma en el útero es una creación semejante al Dios Todopoderoso. Convertir al útero en una tumba, destruir lo que Dios ha ordenado que sea hecho a su imagen es un sacrilegio hecho al mismo Dios.

El poder creativo está también en la palabra de un ser humano. El hombre llama a existencia cosas e ideas que nunca antes han sido. Increíblemente, la Biblia dice que la lengua tiene el poder de la vida y de la muerte (lea Proverbios 18:21). Por eso, las palabras deben ser habladas en el temor del Señor, y tendremos que dar cuenta de toda palabra ociosa (lea Mateo 12:36).

Cinco proposiciones sobre nuestra palabra

Porque somos creados a la imagen de Dios, lo que es su palabra para Él, es nuestra palabra para nosotros. Dios cuida que su Palabra sea cumplida. También así debemos hacerlo nosotros. Las mismas verdades relacionadas con la Palabra de Dios se aplican a la nuestra.

1. Nuestra palabra es nuestra garantía

Recuerdo que en mi juventud el carácter de los hombres era mucho más fuerte y más rico en integridad. El clima moral era de tal naturaleza, que el mentir, engañar y robar eran pecados gravísimos. Los que eran sorprendidos en ellos eran expulsados de la escuela, se les impedía practicar la ley, se les echaba fuera de la oficina pública y su reputación quedaba arruinada. Cuando un hombre le daba su palabra y estrechaba su mano, era mejor que un contrato firmado; era un pacto. A menudo era innecesario contrato escrito alguno –la palabra de un hombre era su garantía.

Esa no es la regla hoy día. Los abogados llenan papeles legales con infinidad de sanciones para garantizar cada detalle del contrato. Sin embargo, el papel es sólo tan bueno como el carácter de la gente que lo firma. Aun en el matrimonio, los hombres todavía hacen votos para permanecer casados «hasta que la muerte nos separe», pero con demasiada frecuencia rompen sus votos como si fueran parte de un ritual sin ningún significado verdadero. En muchos casos, esa frase ha sido eliminada de los votos matrimoniales. Escuché a un pastor decir: «¿Por qué hacerles mentir en su boda?»

Cuando los hombres no le dan un alto valor a la verdad, tampoco le dan un alto valor en su palabra.

2. Nuestra palabra es la expresión de nuestra naturaleza

En los primeros días de mi experiencia cristiana se nos enseñaba a «santificar nuestra manera de hablar» porque las palabras de una persona revelan la naturaleza que hay dentro de ella. La salvación era para nosotros una experiencia total. Adentro y afuera, el Espíritu Santo trabajaba para limpiarnos de toda injusticia.

El mundo usa vanamente el nombre de Cristo, mientras que los cristianos ponemos toda nuestra confianza en su nombre. Un individuo que usa el nombre de Jesús como un epíteto en la conversación de todos los días, no puede ser sincero al adorar ese nombre el domingo. La idea de «purgar» nuestro lenguaje necesita ser reavivada.

3. Nuestra palabra es la medida de nuestro carácter

La sinceridad del corazón de un hombre, la profundidad de su carácter, se muestran en la manera como cumple su palabra. Esto se llama *integridad*. Job clamó en su más profunda necesidad: «Hasta que muera, no quitaré de mí mi integridad» (Job 27:5).

Dios entregó a Job a Satanás diciendo: «[El] todavía retiene su integridad» (Job 2:3).

La esposa de Job, exasperada después de que había perdido todas sus posesiones le gritó: «¿Aún retienes tu integridad? Maldice a Dios, y muérete» (Job 2:9). Pero él no lo hizo.

Los hombres que demuestran su integridad son considerados con admiración y gran respeto. Como dice la Biblia, un hombre con integridad es uno que «aun jurando en daño suyo, no por eso cambia» (Salmos 15:4). En otras palabras, él cumple su palabra aun cuando le cueste.

4. Nuestra palabra es magnificada sobre nuestro nombre

Nuestro nombre es sólo tan bueno como nuestra palabra. Si nuestra palabra no es buena, tampoco lo es nuestro nombre.

Los hombres que no valoran su palabra disminuyen su valor personal. Un sorprendente número de personas presentan falsos «currículums» para posiciones profesionales. Los hombres exageran y las mujeres mienten; entonces, cuando son descubiertos, pelean porque están enojados. Pero sin tomar en cuenta la calidad de su trabajo, su valor se pierde rápidamente cuando se descubre que no son dignos de confianza.

5. Nuestra palabra es la fuente de fe y la regla de conducta para aquellos a quienes la damos

Dios da máxima importancia a los hombres, Satanás es un usurpador. Cristo es la verdad; Satanás es el padre de mentira (lea Juan 8:44). Satanás tiene el carácter de un ladrón que roba, mata y destruye (Juan 10:10). Satanás ataca la Palabra de Dios para inducir a los hombres al pecado. Y si él ataca la Palabra de Dios, es obvio que también atacará la palabra del hombre para inducir al pecado a él y a los que confían en él.

Cuando Satanás se acercó a Eva en el Jardín del Edén, su acusación contra la Palabra de Dios minó la fe de ella. Adán finalmente negó el derecho de posesión de Dios, rechazó su soberanía y fue expulsado de su presencia. Atacando la Palabra de Dios, Satanás robó la fe de Adán y Eva, mató su relación con Dios y destruyó sus vidas. Sus ataques a las vidas de los hombres, hoy día, comienzan igualmente con la Palabra de Dios. La sutil estrategia de Satanás es atacar la Palabra de Dios y prometernos «verdadera» libertad cuando lo que en realidad hace es colocarnos en esclavitud. *Todo pecado promete servir y agradar pero sólo desea esclavizar y dominar.*

En su parábola del sembrador, Jesús contó que inmediatamente después que la Palabra es sembrada, Satanás viene a robarla (Marcos 4:13–20). Inmediatamente después de la conversión viene la tentación de negar la realidad de esa experiencia. La gente no la toma en cuenta, los parientes se mofan, y el deseo de los viejos hábitos aumenta. Si no permanecemos cerca al Señor, la Palabra de Dios puede ser robada, nuestra fe puede morir, y nuestra relación con Dios puede arruinarse. Pero vencer el ataque a la Palabra de Dios, leyéndola y hablándola, concentra y confirma nuestra relación con El.

Satanás no sólo trata de «robar» la Palabra de Dios, sino que también trata de robar nuestra palabra. Piense en un padre que promete llevar a su hijo a pescar. El chico inmediatamente se prepara, coloca la caja con los artículos de pesca y la caña de pescar debajo de la cama, mientras sueña con que llegue el día. Luego, la noche anterior a su viaje de pesca, un amigo del padre lo llama y lo invita a un juego de fútbol, para el que tiene boletos; el padre acepta su invitación.

Muy temprano, la mañana siguiente, el hijo se levanta ansioso para irse, sólo para saber que su padre se está yendo a un juego de fútbol en lugar de llevarlo a pescar. Desilusionado, el chico refunfuña y más tarde rehúsa comer hasta que es amenazado. Siguen días de actitud de resentimiento, hasta que, exasperado el padre le dice que tiene que cambiar o que será castigado. La desilusión del muchacho se torna primero en resentimiento y luego en rebelión. Sin darse cuenta de su propia culpabilidad, el padre repite su conducta y observa impotente el endurecimiento del corazón de su hijo.

¿Qué podríamos decir del hombre que constantemente promete a su esposa que cambiará, pero jamás cumple su promesa, o que le dará cosas, o la sacará, pero que nunca lo hace? Poco le cuesta darse cuenta de que está enseñándole a ella a no confiar en su palabra. *La confianza se extiende hasta el límite de la verdad y no más allá.*

¿Duro? Sí, es duro. Pero, ¿real? ¡Puede estar seguro de ello! He escuchado a hombres que aun dan a Dios su palabra y luego no la cumplen. Ellos no se dan cuenta de que su palabra está siendo rota. Su enemigo es su propio carácter trivial, que no tiene fuerza suficiente, y también la conspiración satánica para robar sus palabras, matar su influencia, y destruir su éxito y sus relaciones.

¡No se sorprenda de que Dios esté llamando a los hombres a lo largo y ancho de la tierra a arrepentirse! (lea Hechos 17:30). Es tiempo para cada hombre de dejar a un lado la mentira y hablar la verdad con Dios y con su vecino (Efesios 4:25). Reverencia para con la Palabra de Dios significa reverencia para con *su* Palabra. Usted fue creado a la imagen de Dios. Sea un hombre de la Palabra de Dios. ¡Sea usted un hombre de su propia palabra!

Recuerde...

- La Palabra de Dios es su garantía
- Como la Palabra de Dios es para El, nuestra palabra es para nosotros.
- Su nombre es sólo tan bueno como lo es su palabra.
- Su palabra es la fuente de fe y regla de conducta para aquellos a quienes usted se la da.
- Todo pecado promete servir y agradar, pero únicamente desea esclavizar y dominar.
- La confianza se extiende hasta el límite de la verdad y no más allá.

(Adaptado de *Strong Men in the Tough Times,* por Edwin Louis Cole, Derechos Reservados 1993. Sólo puede usarse con permiso de Creation House, Altamonte Springs Fl.)

Un hombre y su Dios

Evaluación personal

En una escala del 1 al 10, evalúese en las siguientes áreas, con 1 si es muy débil y 10 si es perfecto.

1. He entregado mi vida totalmente a Jesucristo._____
2. Estoy involucrado en la adoración a Dios de acuerdo con los patrones bíblicos. _____
3. Estoy comprometido a orar hasta que algo pase. _____
4. Mi palabra es mi garantía. _____
5. La Palabra de Dios es mi fuente de fe y regla de conducta_____

Ahora revise la lista. De las cinco áreas mencionadas anteriormente ¿Cuál requiere primero de su atención?

Evaluación en grupo

1. Describa en 60 segundos o menos lo que la adoración era en su casa, cuando era niño. (Cada miembro debe hacerlo).
2. En 60 segundos, cuente acerca de una ocasión en la que usted oró y de qué manera su oración fue contestada. (Cada miembro debe hacerlo).
3. ¿Ha sucedido algo en la semana pasada que revalide o demuestre su entrega a Jesucristo?
4. ¿Cómo puede usted comenzar su día honrando a Jesús?
5. ¿La palabra de quién usted cree más que la de cualquier otra persona? ¿Qué puede hacer usted esta semana para ayudar a otros a creer en su palabra?
6. ¿Por qué cosa le gustaría que oraran hoy los hombres del grupo? (Cada miembro debe hacerlo).

Cierre el tiempo orando todos juntos. Cada hombre puede hacer una oración de una frase por el hombre que tiene a la derecha, de acuerdo con la necesidad que dicho hombre haya expresado.

Versículo para memorizar: «Así que, hermanos, os ruego por las misericordias de Dios, que presentéis vuestros cuerpos en sacrificio vivo, santo, agradable a Dios, que es vuestro culto racional. No os conforméis a este siglo, sino transformaos por medio de la renovación de vuestro entendimiento, para que comprobéis cuál sea la buena voluntad de Dios, agradable y perfecta.» (Romanos 12:1–2)

Tareas para la semana

1. Escriba una oración de treinta palabra o menos para comenzar su día. Usela para comenzar cada día de la semana que viene.
2. Lea la proxima sección del libro, «El hombre y sus consejeros», antes de la próxima reunión.

El hombre
y sus consejeros

Un Cumplidor de Promesas está comprometido
a mantener una relación vital
con unos cuantos hombres más,
entendiendo que necesita hermanos
para ayudarlo a cumplir sus promesas.

PROMESA 2

Introducción

Un compromiso tan grande como el que hemos hecho en la promesa número uno, de honrar a Jesucristo mediante la adoración, la oración y la obediencia a su Palabra, no podemos cumplirlo solos. Necesitamos amigos que piensen igual. Necesitamos apoyo, ánimo o quizás de vez en cuando que se nos empuje por el trasero para ayudarnos a guardar ése y otros compromisos que hay en este libro.

Dios nunca quiso que lo hiciéramos solos. Sin duda, hay hombres a su alrededor que van por el camino de la madurez en su fe. Igualmente, hay otros que han comenzado el viaje y podrían necesitar la ayuda de un amigo como usted. El concepto de los más experimentados ayudando a los de menos experiencia se llama *orientación*. Algunas tradiciones cristianas hablan de directores espirituales, pastores o aun padres espirituales. Sin tener en cuenta el nombre que se les dé, todos necesitamos orientadores o consejeros.

Los doctores Howard Hendricks y E. Glenn Wagner están muy bien preparados para guiarnos en esta área. El doctor Hendricks es un distinguido profesor del Seminario Teológico de Dallas, y miles de sus antiguos estudiantes, activos en el ministerio alrededor del mundo, lo llaman con afecto «profe». La orientación es el corazón de más de cuatro décadas de su enseñanza exitosa. El nos explicará el mandato para la orientación.

El doctor Wagner es vicepresidente de los ministerios nacionales de los Cumplidores de Promesas. El nos ayudará con los elementos necesarios que se necesitan para construir relaciones con otros hombres. Es una triste verdad que muchos hombres no tienen amistades íntimas. Glenn nos mostrará el porqué de eso y cómo romper esas barreras a fin de que haya una amistad significativa.

Un mandato para la orientación

Por el doctor Howard G. Hendricks

La pregunta más urgente que todo hombre cristiano debe hacerse es esta: ¿Qué estoy haciendo hoy día que garantice mi impacto para Jesucristo en la próxima generación?

Si entiendo correctamente el Nuevo Testamento, hay sólo dos cosas que Dios va a tomar de nuestro planeta: una es su palabra, y la otra es su pueblo. Si usted está edificando la palabra de Dios en las personas, puede tener la confianza de que durará para siempre.

Por eso es que estoy tan apasionado con la orientación. Este es un ministerio de multiplicación. Cada vez que usted edifica en la vida de otro hombre, inicia un proceso que idealmente nunca terminará.

Mi vida y mi ministerio son el resultado de la orientación. Soy el producto de un conjunto de individuos que edificaron en mi vida desde que vine a Jesucristo hace sesenta años. Uno en particular, Walt, literalmente cambió el curso de mi vida.

Nací en un hogar destrozado en la ciudad de Filadelfia. Mis padres estaban separados antes que yo naciera. Sólo los vi juntos una vez, cuando fui llamado a testificar en una corte de divorcio. Estoy seguro de que hubiera crecido, muerto e ido al infierno, y a nadie en particular le hubiera importado, excepto a ese pequeño grupo de creyentes que se reunía en mi vecindario para comenzar una iglesia evangélica. Ese pequeño grupo de individuos desarrolló una pasión por su comunidad. Walt pertenecía a esa iglesia; fue al superintendente de la escuela dominical y le dijo: «Quiero enseñar en una clase de escuela dominical»

El superintendente dijo: «Maravilloso, Walt, pero no tenemos muchachos. Anda a la comunidad, cualquiera que puedas traer esa es tu clase».

Nunca olvidaré el día que lo conocí. Walt tenía 1,60 de altura. Me dijo como un muchachito: «Eh, hijo, ¿te gustaría ir a la escuela dominical?»

Bueno, cualquier cosa que tuviera la palabra «escuela» en ella tenía que ser algo malo. Entonces dijo: «¿Te gustaría jugar a las bolitas?» ¡Eso era diferente! ¿Creería usted que nos fuimos y jugamos bolitas, y que me ganó todos los juegos? Cuando era la hora, Walt se fue, a mí no me importó a dónde se iba, allá era a donde yo quería ir.

Para su conocimiento, él nos recogió a trece muchachos, nueve de hogares desechos. Ahora, once tienen un trabajo cristiano vocacional de tiempo completo. Y Walt sólo fue a la escuela hasta el sexto grado.

Ese es el poder de un guía. Usted no necesita un hombre con grado doctoral para ser usado por Dios en el ministerio de la orientación.

¿Se ha preguntado alguna vez: «Quiénes han afectado más mi vida?» Piense en la gente que hizo la diferencia. ¿Qué hicieron ellos? ¿Cómo lo hicieron? ¿Por qué lo hicieron? Responda esas preguntas y se entregará a la orientación el resto de su vida.

¿Por qué orientación?

Quiero hacer y contestar dos preguntas centrales, luego aplicar las respuestas a su vida. La primera es: *¿Por qué preocuparse acerca de la orientación?* ¿Es sólo otro truco? ¿Es simplemente alguna idea secular importada del mundo de los negocios que hemos introducido en la comunidad cristiana y bautizado con unos pocos versículos de la Biblia? ¿O es una estrategia bíblicamente legítima para nuestra generación? Estoy convencido de que hay tres razones de fuerza por las que usted debe estar involucrado en un ministerio de orientación.

• Primero: *Usted necesita estar involucrado en la orientación por la seria escasez de líderes.* Los líderes están rápidamente llegando a ser una especie en vías de extinción. Dondequiera que voy, por Estados Unidos o alrededor del mundo, la necesidad desesperante es por líderes. Conozco pocas iglesias u organizaciones cristianas que pueden permitirse el lujo de colocar un letrero en su puerta que diga: «No se necesita ayuda».

Necesitamos líderes en nuestras iglesias. La iglesia promedio en Estados Unidos funciona apenas con 15% a 20% de su membresía. Pero Dios da a *cada* creyente un don espiritual para que funcione en el cuerpo, y no sólo para que duerma en su puesto.

A mis estudiantes les digo que hay sólo dos grupos de personas en la iglesia: los pilares que la sostienen y los que, semana tras semana, ocupan más o menos cuarenta y cinco centímetros en una banca, estrechan la mano del pastor, y dicen con algo de acento piadoso: «Querido Pastor, ese fue un mensaje maravilloso. Nos veremos la semana entrante». Rara vez vienen más cerca de la verdad, porque la verdad es que 80% de las iglesias en Estados Unidos están en grave decadencia.

Necesitamos también líderes en nuestro hogares. La familia norteamericana se deshace como un suéter barato. Puedo recordarle un hecho histórico: no hay nación que haya sobrevivido jamás a la desintegración de su vida familiar. Una vez que el hogar se deshace, sólo es cuestión de tiempo para que todo termine.

Pierre Mornell, distinguido siquiatra de la costa occidental, escribió un libro titulado *Passive Men, Wild Women* [Hombres pasivos, mujeres iracundas]; en ese libro dice:

> «En los últimos años he visto en mi oficina un número creciente de parejas que comparten un común denominador. El hombre es activo, elocuente, enérgico y por lo regular de éxito en su trabajo. Pero es inactivo, callado, letárgico y meditabundo en su hogar.
>
> »En su relación con su esposa es pasivo, y esa pasividad la enloquece a ella. Frente al aislamiento de su esposo, ella se enoja» (New York: Ballantine, 1979, p. 1).

¿Dónde están los hombres que quieren ocupar el lugar que les corresponde y asumir el papel de liderazgo que Dios les ha dado en sus hogares?

Necesitamos líderes también en nuestra sociedad. En la política, en los negocios, en la industria, en la educación, en la agricultura, en las profesiones, en el ejército, etc. No necesito recordarles que hay muchos hombres que han renunciado a su derecho de ser líderes porque no fueron hombres de integridad. No fueron hombres en los que podíamos confiar.

• En segundo lugar, *necesitamos orientación por la necesidad evidente de guías*. Hay una grave deficiencia en nuestra cultura, y es vista en muchas áreas. La primera es la ausencia de padres. No estoy hablando sólo de la ausencia física, hablo de padres que están emocional y espiritualmente ausentes. El resultado es que el muchacho promedio de nuestra sociedad crece y no tiene idea alguna de cómo es un buen padre.

¡Los pedestales están vacíos! Hay una escasez de modelos masculinos experimentados. Esto fue bien expresado por un pequeño muchacho hace algún tiempo en una peluquería, cuando le pregunté: «Hola, hijo. ¿Cómo quién quisieras ser tú?» Me miró directamente a los ojos y dijo: «Señor, yo no he encontrado a nadie a quien quisiera parecerme». ¿Cree usted que ese muchacho es una excepción? No, hay un terrible vacío de afirmación de la masculinidad en nuestra sociedad.

Recientemente mi esposa y yo estuvimos en Jerusalén, visitando El Muro de los Lamentos. Contamos cinco «bar mitzvahs», una especie de bautismo judío que toman los muchachos al cumplir 12 años. Fue emocionante observar a esos muchachos sobre los hombros de sus padres, tíos y amigos, frente y alrededor de esa área sagrada, con gente dando palmadas y cantando, y mujeres arrojando dulces. Esos muchachos no olvidarán nunca ese día. Pero, ¿tenemos en la sociedad norteamericana algo que por lo menos en forma parcial sea una réplica de eso?

Alguien me preguntó en una entrevista de televisión: «¿Cuál diría usted que ha sido su más grande contribución como profesor de seminario?» Contesté: «Afirmar la masculinidad de muchos de mis estudiantes».

Eso es lo que debemos hacer como hombres. Dondequiera que voy, a la universidad, a las iglesias evangélicas o a la comunidad profesional o de negocios, encuentro a muchos jóvenes preguntando: «¿Dónde puedo encontrar un amigo maduro?» Y encuentro a hombres más viejos, preguntando: «¿Dónde puedo encontrar un ministerio?» El resultado es que los hombres más jóvenes están frustrados y los más viejos están insatisfechos. La sinceridad intelectual me obliga a decirles: cada vez encuentro más hombres jóvenes buscando la orientación de hombres mayores que hombres mayores tratando de involucrarse en la vida de los más jóvenes. Lo digo para nuestra verguenza.

• En tercer lugar, *necesitamos orientación debido a la violación del liderazgo existente.* Han tratado de obligarnos a aceptar dos de las más grandes maldiciones jamás perpetradas en una sociedad. Una de ellas es la *generación superficial* (vacía). ¡No hay conflicto entre las generaciones en el cuerpo de Cristo! Usted no puede sacar a nadie fuera del cuerpo, no importa su edad. Los jóvenes necesitan desesperadamente de sus mayores, y estos a su vez necesitan seriamente a los jóvenes que son los que continuarán adelante en la próxima generación.

La segunda maldición es la de la jubilación. La jubilación es un concepto cultural, no bíblico. Usted puede jubilarse en su compañía, puede no tener una opción, pero nunca se jubila de la vida y del ministerio cristiano. Lo único que la sociedad sabe hacer con los hombres mayores es jubilarlos, y estimularlos a que jueguen con los juguetes que han acumulado.

¿Ha notado cuántos hombres sobre los cincuenta años sólo quieren pasarse el resto de su vida sin hacer nada? Se rinden en el preciso momento cuando deberían estar trabajando más que nunca para Jesucristo. Le puedo recordar que las estadísticas relacionadas con los hombres que mueren poco tiempo después de su jubilación son alarmantes. La razón es simple: no tienen propósito ningún para vivir. Estoy encontrando un número cada vez mayor de hombres que mueren antes de tiempo. ¿Cuál es el resultado? Estamos perdiendo un gran equipo de liderazgo en el Cuerpo de Cristo.

¿Qué es orientación?

Usted dice: «Estoy convencido, pero *¿qué es orientación?*» Esta es nuestra segunda pregunta clave.

Permítame contestarle con una simple definición. La orientación es un proceso que involucra a la gente. A veces es toda una serie de individuos que Dios trae a su vida en varias etapas y con variados propósitos. En cada caso, esas personas están comprometidas a ayudarlo a crecer y a perpetuar el proceso de aprendizaje.

El apóstol Pedro, en 2ª Pedro 3:18, dijo: «Antes bien, creced en la gracia y el conocimiento de nuestro Señor y Salvador Jesucristo». El decía: «Mientras usted vive, aprende; mientras usted aprende, vive».

Desgraciadamente, el epitafio de muchos hombres está expresado en las palabras: «Murió a la edad de veintiséis; fue enterrado a la edad de sesenta y cuatro.»

Si usted deja de aprender y crecer ahora, deja de ministrar mañana. Tenga en mente que la orientación no es un concepto nuevo. El comercio, las artes y los gremios se han comprometido en la orientación por siglos. Los artesanos no sólo saben qué y cómo hacerlo, sino que también saben *por qué* hacen lo que están haciendo. Se distinguen por actitudes básicas, particularmente un orgullo en su trabajo. ¡Y saben cómo emocionarse por ello!

Todos nosotros hemos oído hablar del gran artista Miguel Angel, pero pocos sabemos de Bertoldo, su maestro. Hay un debate en los círculos artísticos sobre quién fue más grande, Miguel Angel, el alumno, o Bertoldo, el maestro que lo desarrolló.

Los guías cristianos son personas que tienen un compromiso espiritual. No están jugando; están comprometidos a un cambio de vida. Y tienen valores específicos. Uno de los más altos en su lista de prioridades es el desarrollo de la excelencia en otro individuo, para que crezca en su vida cristiana, a fin de que odie la manía de la mediocridad, la actitud de que cualquier cosa es suficientemente buena para Dios.

Esto no sólo tiene que ver con una persona o grupo de personas, sino que es un proceso para desarrollar a alguien hasta su máximo potencial para Jesucristo. En Colosenses 1:28-29, leemos: «...a quien anunciamos, amonestando a todo hombre, y enseñando a todo hombre en toda sabiduría...»

¿Por qué? «...a fin de presentar perfecto en Cristo Jesús a todo hombre.» Y Pablo añadió: «Para lo cual también trabajo, luchando según la potencia de él, la cual actúa poderosamente en mí.»

¿Por qué estaba el apóstol Pablo comprometido a guiar? Porque tenía objetivos claramente definidos. Estos determinaban su acción. Usted logra aquello a lo que aspira. Pablo sabía que la contribución más importante que podía hacer, en términos de la próxima generación, era edificar en la vida de la presente generación.

Contrariamente, por doquiera encuentro un creciente número de hombres que están acabando sus vidas en la cumbre, pero no se sienten satisfechos.

Pablo no sólo tenía objetivos bien definidos, sino que también tenía prioridades fijadas claramente. No sólo respondió a la pregunta: «¿Qué quiero al final de la vida?» Sino también: «Qué precio estoy dispuesto a pagar?»

Yo soy un admirador del pianista Van Cliburn, y hace algún tiempo, una amiga que es parte de la Orquesta Sinfónica de Dallas me dijo,

—Howie, ¿vas al concierto de Van Cliburn?

—¡No me lo perdería! –dije.

—¿Qué tal te parecería conocer al señor Cliburn? –me preguntó.

—¡Tienes que estar bromeando!

—¡No! Encuéntrame detrás del escenario, al final del concierto, y te lo presentaré.

Puede estar seguro de que estuve allí; y tenía una pregunta que deseaba hacerle: «Señor Cliburn, ¿cuántas horas al día emplea en practicar piano?»

Muy casualmente dijo: «Oh, entre ocho y nueve horas diarias. Dos de ellas haciendo sólo ejercicios con los dedos.»

¡Y pensar que mi abuela quería que yo tocara el piano!

¿Me gustaría tocar el piano como Van Cliburn? ¡Claro que sí! Pero no tengo tanto deseo de hacerlo como para dedicarle tanto esfuerzo.

Frecuentemente algún hombre viene y me dice: «Señor Hendricks, daría mi brazo derecho por tener un matrimonio como el suyo». A lo cual respondo: «Eso es precisamente lo que puede costarle».

A veces pregunto a los hombres: «Si tuviera una opción, quiero decir sólo una alternativa, ya sea un buen empleo o un gran matrimonio, ¿qué escogería?» Sus prioridades lo capacitarán a usted para contestar esa pregunta.

En 1ª Corintios 9, Pablo dice que la vida cristiana es una carrera, no una competencia de 100 metros, sino un maratón. Su éxito se determina al final de un largo camino. Pablo dijo que es una carrera única en la que todos pueden ganar. No todos lo harán, pero todos tienen la misma posibilidad.

Pero Pablo tenía un temor: quería estar seguro de que «no sea que habiendo sido heraldo para otros, yo mismo venga a ser eliminado» (1ª Corintios 9:27).

Esta era una opción viva para el apóstol Pablo. ¿Qué es para nosotros?

Dónde encontrar guías

Todo hombre que lea este libro debería buscar tener tres personas en su vida: un Pablo, un Bernabé y un Timoteo.

Usted necesita a un Pablo. Siempre necesitará un hombre mayor que usted, que desee ayudarlo a edificar su vida. Note lo siguiente: no alguien más inteligente que usted, no necesariamente alguien más dotado que usted, y ciertamente no alguien que sea perfecto. Esa persona no existe. Usted necesita alguien que vaya por el camino, alguien que desee compartir con usted no sólo sus virtudes, sino también su defectos. Alguien que quiera compartir sus éxitos y fracasos. En otras palabras, lo que él está aprendiendo en el laboratorio de la vida.

Hebreos 13:7 dice: «Acordaos de vuestros pastores, que os hablaron la Palabra de Dios; considerad cuál haya sido el resultado de su conducta, e imitad su fe». Note lo que usted *no* tiene que imitar: no sus métodos; no sus dones; no su personalidad. La comparación es carnalidad. Las mujeres israelitas cantaban: «Saúl a sus miles, y David a sus diez miles». La comparación con David amargó tanto a Saúl, que este último pasó el resto de su vida persiguiendo a David en lugar de a los filisteos.

Usted también necesita un Bernabé. Es decir, usted necesita un hermano del alma, alguien que lo ame y que no simplemente esté impresionado por usted. Alguien que no se sienta cautivado por su encanto y popularidad, si los tuviera, y ante quien usted pueda ser responsable.

A propósito, no pierda de vista el papel de su esposa en relación con esto. Nunca he podido impresionar a mi esposa e hijos. ¡He tratado! Pensaba que mis hijos estaban impresionados de que fuera un profesor de seminario. Eso es impresionante, ¿no cree? ¿Usted no piensa que es así? Tampoco mis hijos lo pensaban.

Mi último hijo me preguntó una vez:

—Eh, papi. ¿Cuándo vas a conseguir un nuevo empleo?

—¿Qué pasa con mi empleo? —le pregunté.

—No puedo explicar dónde trabajas —dijo. —¡Todos piensan que trabajas en un cementerio!

¡A veces pienso lo mismo!

Mis hijos no están impresionados de que haya estudiado griego y hebreo. ¡No están ni siquiera impresionados de que haya escrito este capítulo para los Cumplidores de Promesas! Mis muchachos, como los suyos, están únicamente impresionados por la realidad de Jesucristo en nuestras vidas.

¿Ha habido alguien en su vida que ha estado dispuesto a obligarlo a usted a ser sincero?

Alguien que le ha dicho: «Oye, hombre. ¡Estás descuidando a tu esposa, y no me des ninguna excusa! Yo lo sé, todos lo saben; ¡es hora de que tú lo sepas!»

¿Quién es la persona en su vida que pueda decir: «¡Oye, hombre, hablas demasiado!» Sin que usted tenga que defenderse o justificarse por eso.

Pablo dijo en Gálatas 2:11: «Pero cuando Pedro vino a Antioquía, le resistí cara a cara, porque era de condenar». Esa es la clase de Bernabé que usted necesita.

Usted necesita un Timoteo. Necesita un hombre más joven que usted, en cuya vida pueda construir. Si quiere un modelo, mire en 1ª y 2ª Timoteo. Aquí estaba Pablo, la guía por excelencia, construyendo en la vida de su protegido. Note lo que le dice. Habla de la necesidad de que alguien pueda afirmarlo y animarlo, de que alguien quiera enseñarle y orar por usted, de que alguien quiera corregirlo y dirigirlo. Esa es la clase de persona joven que buscamos.

Ahora, ¿cómo consigue estos tres hombres en su vida? Permítame darle dos sugerencias. *Primero, ore porque Dios traiga a su vida a un Pablo, a un Bernabé y a un Timoteo.* Estoy contento de creer que donde se enfoca la oración cae el poder. Usted puede que no tome seriamente a Dios, pero El toma la oración muy seriamente. Estoy viendo un creciente número de hombres, jóvenes y viejos, que están orando por Pablos, Bernabés y Timoteos que vengan a sus vidas. ¡Y Dios está contestando maravillosamente!

Segundo, necesita comenzar la búsqueda de esos hombres. Abra los ojos. Tenemos muchos estudiantes solteros en el seminario, que vienen y dicen:

—Profe, estoy pensando seriamente en casarme.

—Oh, les digo, ¡eso es grandioso! ¿Tienes ya alguna candidata?

—No.

—¿Estás saliendo con alguien?

—No.

—Bueno, ¿cómo esperas encontrar una esposa? ¿Crees que Dios te la va a enviar desde el cielo, envuelta en una sábana?

Obviamente, usted tiene que involucrarse en el proceso. Y a propósito, no se sorprenda si tiene más de una o dos experiencias antes de encontrar a esa persona, pues etiene que haber una afinidad personal. Hay una atracción que crece en una buena relación de orientación.

Me parece oir a alguien decir: «¿Por qué está tan emocionado? Este asunto de la orientación realmente lo tiene en las nubes». Tiene razón. Y no es porque he leído algunos libros sobre orientación. No es porque alguien haya venido a decirme: «Hendricks, aquí hay algo más en lo que usted necesita involucrarse». No, es porque esa es la historia de mi vida.

¿Recuerda a Walt? Aquí se encuentra lo interesante: No puedo decirle absolutamente nada de lo que Walt dijo alguna vez, pero puedo contarle todo acerca de él, porque me quiso más que mis propios padres. Me amó por amor a Cristo. Ahora estoy ministrando, no sólo porque un hombre me condujo a Cristo y me discipuló, sino también porque él comenzó ese proceso de orientación en mí.

Quiero dejarlo con un pasaje de Eclesiastés 4. El hombre sabio dice:

«Mejores son dos que uno; porque tienen mejor paga de su trabajo. Porque si cayeren, el uno levantará a su compañero; pero ¡ay del solo! que cuando cayere, no habrá segundo que lo levante. También si dos durmieren juntos, se calentarán mutuamente; más ¿cómo se calentará uno solo? Y si alguno prevaleciere contra uno, dos le resistirán; y cordón de tres dobleces no se rompe pronto» (vv.9-12).

Quiero recomendarle un cordón de tres dobleces: un Pablo, un Bernabé y un Timoteo. Un hombre mayor que usted, construyendo en su vida; un hermano del alma, para tomarlo en cuenta; y un hombre más joven, en cuya vida usted pueda edificar.

Puedo asegurarle, después de mucha experiencia, que usted no ha vivido como un cristiano, hasta que no haya sido guiado. Y no habrá conocido la realización, hasta que haya estado involucrado en el proceso de la guianza.

¡Hombres de Dios, háganlo!

Fuertes relaciones de orientación

Por E. Glenn Wagner

Aceptar el mandato para orientar o guiar nos trae a una parte difícil –sobreponernos al temor y a las barreras que obstaculizan las relaciones hermano a hermano. Estoy convencido de que los beneficios de tal orientación exceden los riesgos de tener que enfrentarnos con esos temores y barreras.

El hombre norteamericano sin amigos

Los hombres difícilmente han podido relacionarse íntimamente en el nivel emocional con otros, lo cual obstaculiza el desarrollo de la amistad. ¿Por qué? La socialización de los hombres y la falta de modelos de funciones realistas son dos factores significativos. He aquí lo que se nos ha enseñado:

«Los hombres confían demasiado en sí mismos». Los hombres han llevado este asunto a un extremo. Típicamente, nunca pedimos ayuda, ni siquiera cuando estamos perdidos. Somos bien conocidos por ir solos. El llanero solitario de la televisión llevaba su máscara puesta, y ese mantenía apartado de los demás –como muchos hombres en la iglesia.

«Los hombres no sienten». Realmente, los hombres sí sienten, pero tenemos una aversión innata o aprendida para mostrar y compartir nuestras emociones. Esto comenzó cuando éramos jóvenes y se nos dijo: «¡Sécate las lágrimas! Los hombres no lloran. ¡Sé un hombre!»

«Los hombres no tocan». Tocar, algo tan común en la amistad entre mujeres, es asunto ausente entre los hombres en nuestra cultura, con excepción de los deportes en los que hay que establecer contacto.

«Los hombres no necesitan compañerismo». Tenemos la tendencia a estar tan orientados hacia la tarea, especialmente en nuestras relaciones de

negocios, que no podemos aceptar una invitación («Almorcemos.») sin preguntar: «¿Qué es lo que pasa?», o: «¿Por qué?»

«Los hombres usan a las personas, y aman las cosas». Adquirir cosas es importante para muchos hombres. Ellos tienden a tener relaciones de conveniencia en las cuales utilizan a la gente para ganar riqueza y poder.

«Los hombres son demasiado competitivos». Los hombres son tan competitivos los unos con los otros, que es la competencia, no el compañerismo lo que caracteriza a la mayoría de las reuniones recreativas con amigos. La única cosa que toca las emociones de muchos hombres es lo que tiene que ver con ganar y perder. Ellos viven de acuerdo con el lema de Vincent Lombardi: «Ganar no es todo, es lo único».

«Los hombres son muy machos». En las películas y en las noticias, los hombres que muestran bravura y violencia son definidos como «verdaderos hombres». Muy rara vez la televisión o el cine definen la hombría en términos de amistades masculinas.

Sin embargo, estos estereotipos tradicionales están cambiando.

El así llamado hombre nuevo

Muchos hombres desean compartir sus más profundos sentimientos, pero mayormente con una mujer que admiran, antes que con otro hombre en una relación de orientación. Aparentemente las mujeres gustan de esta clase de amistad sensitiva y vulnerable, mientras que los hombres la resisten.

El hombre nuevo se describe como sensitivo, bondadoso, en contacto con sus propias emociones. Este tipo de hombre ha sido despreciado por personas de los dos lados de la generación actual, que prefieren que los hombres sean más «machos» –en el molde de John Wayne, o Silvester Stallone.

Clint Eastwood era uno de los que estaba en el primer lugar de la lista de los diez hombres más machos, pero ahora tipifica el nuevo hombre. Eastwood está rompiendo el molde al hacer papeles masculinos que apelan más a los sentimientos, a la amistad, aun al perdón.

Según los comentaristas, sus películas «Los imperdonables» y «En la línea de fuego» nos muestran la cara del hombre nuevo:

- Los acerados ojos azules tienen un tinte más suave.
- El rígido músculo de la mandíbula es más relajado.
- Muestra algo de su lado más blando –su vulnerabilidad emocional.

A pesar de todo esto, «el hombre muy macho» es todavía el hombre tradicional con el que a la mayoría nos enseñaron a identificarnos. Esto causa confusión en las mentes de los hombres, y por eso nos preguntamos: ¿Puede un «hombre verdadero» disfrutar de una profunda y significativa relación –no sexual– con otro hombre?

La respuesta es *sí*. Podemos y debemos desarrollar relaciones fuertes de orientación. Sin embargo, no será fácil. Romper el estereotipo cultural, y cumplir el mandato bíblico de desarrollar amistades hombre a hombre, lleva tiempo. Según un informe de George Barna 1992–93, los norteamericanos consideran que los amigos son lo más importante, sin embargo, cada vez pasamos menos tiempo con ellos. Barna escribió:

> «La mayoría de las iglesias dicen que son "amistosas" pero eso puede no ser suficiente en estos días. En una cultura donde el tiempo siempre es escaso y la habilidad para comunicarse es mínima, puede ser que los individuos ni siquiera sepan cómo establecer relaciones significativas con gente amistosa. La Iglesia tiene la oportunidad de establecer una comunidad que ofrezca actividades que creen y nutran verdaderas relaciones.
>
> »El sistema de pequeños grupos, de eventos sociales, de enseñanzas relacionales, y modelos de desarrollo relacional son métodos efectivos de proveer a los adultos la seguridad buscada, tanto tangible como emocional» (*The Barna Report* 1992–93, pp.39–40).

La Biblia nos ordena guiar. Debido a las presiones de nuestra cultura, muchos hombres reconocen su necesidad de relaciones de orientación. Esto nos presenta una tremenda oportunidad. Pero debemos superar las barreras que impiden la amistad. El progreso hacia ese fin puede realizarse en siete pasos:

Primer paso: Siga la regla de oro y sea un amigo.

La regla de oro se aplica directamente a edificar una fuerte relación de hombre a hombre. Para encontrar y conservar un amigo, usted debe ser primero un amigo. Como dijo Jesús: «Y como queréis que hagan los hombres con vosotros, así también haced vosotros con ellos» (Lucas 6:31). Comenzamos una relación de orientación preguntándonos cómo nos gustaría ser tratados. Las cualidades que los hombres buscan en una relación de orientación incluyen uno o más de estos ideales:

Aceptación –Ser totalmente conocido, aceptado por lo que soy, sin llegar a ser el «proyecto» de alguien.

Comprensión –Ser escuchado sin interrupción y sin ningún consejo que no haya sido solicitado.

Lealtad –Mantener confidencias sin jamás querer hacer daño.

Descubrirse a uno mismo –Correr el riesgo de revelar los sentimientos más íntimos sin temor al rechazo o a la manipulación.

Disponibilidad –Estar allí listo para mí, en la noche o en el día, aun a las dos y treinta de la madrugada, en tiempo de necesidad.

Sinceridad –Para ser quién y lo que dice que es.

Desarrolle estas cualidades en usted mismo y, como los que son iguales se atraen, pronto las encontrará en otro.

Segundo paso: Obedezcan los mandamientos de Dios sobre las relaciones de los unos con los otros.

En las relaciones fuertes de orientación, obedecemos lo que Dios nos manda a hacer dentro del Cuerpo de Cristo. Todo lo que tiene que ver con el crecimiento espiritual y la madurez están enmarcados en el contexto de las relaciones. Esto se desprende de los muchos pasajes que hablan del «uno al otro» en el Nuevo Testamento. He aquí un ejemplo:

• *Amarse el uno al otro:*

«Un mandamiento nuevo os doy: Que os améis unos a otros; como yo os he amado, que también os améis unos a otros» (Juan 13:34).

• *Aceptarse el uno al otro:*

«Por tanto, recibíos los unos a los otros, como también Cristo nos recibió, para gloria de Dios» (Romanos 15:7).

• *Animarse el uno al otro:*

«Y considerémonos unos a otros para estimularnos al amor y a las buenas obras; no dejando de congregarnos, como algunos tienen por costumbre, sino exhortándonos; y tanto más, cuanto veis que aquel día se acerca» (Hebreos 10:24–25).

• *Perdonarse el uno al otro:*

«Antes sed benignos unos con otros, misericordiosos, perdonándoos unos a otros, como Dios también os perdonó a vosotros en Cristo» (Efesios 4:32).

• *Honrarse el uno al otro:*

«Amaos los unos a los otros con amor fraternal; en cuanto a honra, prefiriéndoos los unos a los otros» (Romanos 12:10).

• *Instruirse el uno al otro:*

«Pero estoy seguro de vosotros, hermanos míos, de que vosotros mismos estáis llenos de bondad, llenos de todo conocimiento, de tal manera que podéis amonestaros los unos a los otros» (Romanos 15:14).

• *Servirse el uno al otro:*

«Porque vosotros, hermanos, a libertad fuisteis llamados; solamente que no uséis la libertad como ocasión para la carne, sino servíos por amor los unos a los otros» (Gálatas 5:13).

• *Someterse el uno al otro:*

«Someteos unos a otros en el temor de Dios» (Efesios 5:21).

La lista de pasajes en los que se habla de «el uno al otro» continúa, pero ya usted sabe lo que quiero decir. Es imposible para los hombres cumplir los mandamientos de la Biblia, sin estar en relaciones significativas los unos con los otros.

Tercer paso: Fije los «momentos óptimos para asimilar enseñanza» en su vida.

Estar receptivos a los cambios es otro componente en la construcción de relaciones sólidas con los hombres. Como Pablo dijo: «No os conforméis a este siglo, sino transformaos por medio de la renovación de vuestro entendimiento» (Romanos 12:2).

No podemos edificar relaciones permanentes y significativas si no queremos cambiar nuestras actitudes pecaminosas e hirientes, o nuestras acciones. Pero anímese; hay muchas maneras de atravesar esta barrera. Con frecuencia, un «momento en el que se puede asimilar enseñanza» nos abrirá a tal cambio.

Podemos asimilar enseñanza más fácilmente cuando: (1) luchamos durante un tiempo de crísis; (2) estamos abrumados por la incapacidad; (3) confrontamos una necesidad o problema no resuelto; (4) somos desafiados por una meta; o (5) estamos buscando una relación más significativa.

Uno de tales momentos en los que se puede asimilar enseñanza contribuyó muy significativamente a la formación de una relación de guianza en un cumplidor de promesas de Wisconsin. El cuenta la historia así:

«Debía casarme en junio, pero me entró miedo y cancelé la boda un mes antes. Mi carrera en la venta de seguros de vida había llegado a un punto muerto. Había pedido a Dick, un profesor del seminario –y que de vez en cuando me había aconsejado a través de los años– que oficiara la boda. Queriendo consolarme en mi desilusión y guiarme en continuar en la búsqueda de un trabajo que valiera la pena, Dick vino de Boston a

Wisconsin el fin de semana en que la boda debió realizarse.

»Compartiendo de corazón a corazón, Dick terminó invitándome a escribir para él. Cambié de carrera para convertirme en un aprendiz como "Timoteo", para este veterano comunicador de la fe. Esa relación de orientación ha continuado hasta este día, pero no hubiera comenzado si yo no hubiera estado en una crisis de confianza, quince años atrás.»

Los momentos en los que se puede asimilar enseñanza no tienen que ser experiencias que cambian la vida, que lo lancen a una relación de orientación. Usted sólo debe estar abierto a cambiar y conocer su necesidad.

Cuarto paso: Reconozca que necesita de otros.

Mientras no reconozca su necesidad de dones, talentos y perspectivas de otros hombres en su vida, nunca logrará relaciones positivas que lo nutran.

Hace algunos años, mientras pastoreaba en Nueva Jersey, volví a encontrarme con un antiguo profesor de la universidad, quien había sido un verdadero estímulo para mí. En el curso de nuestra conversación telefónica invité a Stan a venir y predicar en mi iglesia. Escucharlo predicar y observar cómo la congregación respondió tan positivamente fue algo grande. Pero aun más grandes fueron los momentos que pasamos juntos.

Allí fue cuando comencé a darme cuenta de mi necesidad de tener esta guía en mi vida y en mi ministerio. Cuando sugerí la posibilidad de conversaciones regulares y de oración con Stan, así como de responsabilidd ante él, fue lo suficientemente humilde y honesto para expresar su necesidad de mí. Aunque hemos sido llamados a ministrar en estados diferentes y debemos contentarnos con un contacto personal sólo de vez en cuando, no termino ninguna de nuestras conversaciones telefónicas mensuales, sin sentirme afirmado.

Reconociendo su necesidad el uno del otro, dos hombres pueden causar un impacto positivo en sus respectivas vidas, ministerios y familias.

Quinto paso: Acepte y aprecie las diferencias en otros.

Reconocemos nuestra necesidad de otros, colocando sus opiniones e ideas en un sitio de valor, aun cuando (y especialmente) sean diferentes a las nuestras. Las diferencias de cultura, dones, talentos, temperamentos y habilidades físicas deben ser evaluadas con el amor especial e incondicional que nos da Cristo.

Después de mudarme a Denver, Colorado, continué reconociendo mi necesidad de relacionarme con otros hombres de igual corazón. Sin embargo, sólo había podido tener relaciones superficiales. Entonces seguí el consejo de un amigo fuera de mi pueblo y conocí a Rod, quien estaba enseñando en un seminario local. En pocos minutos, supe que Rod era alguien con el cual podía relacionarme, disfrutar, aprender de él, crecer con él y ser responsable ante él en asuntos importantes. Pero también me pregunté si tal relación era posible. ¿Cómo podrían crecer juntos dos hombres tan diferentes el uno del otro?

Nuestras diferencias son obvias. Yo soy blanco; él es negro. Fuí criado en una zona residencial de la ciudad; él fue criado en una granja. Mi camino me llevó a través de la rebelión los últimos años de la década de los setenta y los primeros de la década de los setenta; él fue a la universidad y al seminario, luego a la escuela para graduados –todo con un enfoque positivo y una dirección recta. A los dos nos gusta el golf, pero a menudo él falla de una manera y yo de otra. A ambos nos gusta predicar, pero nuestros estilos son muy distintos. Tanto a él como a mí nos gusta reír; sin embargo, yo expreso mi humor mayormente con comentarios indirectos, mientras que él expresa el suyo en el relato de toda una historia, acentuada con risa espontánea.

Esas diferencias profundas, no obstante, son las que hacen especial y poderosa a nuestra relación. Aprendí del dolor personal de Rod; y a medida que él ha crecido a través del sufrimiento, lo he hecho yo también. Gracias a nuestras diferencias, tengo una apreciación más profunda de lo que es importante en la vida.

Sexto paso: Dedíquese a la gente.

Lo mismo que estamos tratando de desarrollar y mantener –una relación de orientación– podría arriesgarse por cambiar nuestra atención y consagrarnos a metas, programas o tareas. Cuando eso sucede, los hombres son vistos sólo como un medio para un fin, antes que como un fin en sí mismos. Para remediar esto, involúcrese en las vidas de los hombres, sin que importe cómo ellos se ajustan a sus asuntos de negocios.

La entrega a las personas comienza con una atención a su propia familia. Usted es el único esposo o padre que ellos tienen. Puede encontrar como algo natural desarrollar relaciones de orientación en el trabajo, con esperanza de recibir entrenamiento y desarrollar asociados más jóvenes que usted. Cuando intencionalmente invierte en alguien más joven y lo lleva con usted, multiplica o genera sus talentos a través de otros.

Todos los principios anteriormente mencionados para desarrollar y mantener relaciones de hombre a hombre se aplican a todos los pequeños grupos de hombres. Este último paso en construir relaciones de orientación puede ser también el primero.

Séptimo paso: Congréguese en pequeños grupos.

Cuando se congregan parejas de hombres que tienen fuertes relaciones de orientación para la edificación mutua, el apoyo y la responsabilidad, tendrá un pequeño grupo de Cumplidores de Promesas. A su vez, la existencia de pequeños grupos es una excelente fuente de relaciones de hermano a hermano, que podrían desarrollar relaciones de orientación.

Asumiendo que usted está comprometido a guardar sus promesas y a correr el riesgo de ser amigo, aun si eso significa preocuparse lo suficiente, usted está listo para congregarse con otros hombres, y hacer que las relaciones de guianza sucedan en una escala de pequeños grupos.

El entrenador Bill MacCartney, fundador de Cumplidores de Promesas, tiene una manera sencilla de recordar el plan básico de los pequeños grupos de hombres. Los convoca para lo siguiente:

• *Orar,* como conversación con Dios, reconociendo su supremo lugar en nuestras vidas, dando gracias por todas las cosas, y trayendo las necesidades de otros y de nosotros mismos ante el que puede hacer todo para solucionarlas.

• *Leer* páginas de la Biblia en las que encontramos más sobre Dios y su provisión para nosotros. El encuentro divino y humano cambia la vida. Referirse a la Biblia como el árbitro final en todos los asuntos de fe y práctica nos libra de compartir nuestra ignorancia o dar consejos insustanciales.

• *Compartir* nuestro dolor, el cual es la causa principal de que nos reunamos para orar y leer la Biblia. Los hombres son más sinceros unos con otros cuando son vulnerables y comparten los unos con los otros el dolor que experimentan en sus matrimonios, con sus hijos, o en su trabajo.

Maneje los conflictos con cuidado

A pesar de las mejores intenciones, surgen conflictos en la mayoría de las amistades y de los pequeños grupos de estudio bíblico. En tales situaciones usted descubre quienes son sus verdaderos amigos. Los conflictos son neutrales; es cómo usted reacciona lo que hace, o rompe la amistad. He aquí algunos consejos para manejar los conflictos en forma constructiva:

• *Conceda a otros el beneficio de la duda.* Antes de andar buscando un motivo oculto, confíe en que las personas cumplirán su palabra, y vivirán de acuerdo con sus convenios.

• *Controle cuidadosamente su propia actitud.* Afirme su opinión y no esté a la defensiva, pero defienda el derecho de otra persona de expresar su pensamiento y mantener una opinión diferente de la suya.

• *Separe a la gente del problema.* Sea amable con la gente, fuerte con las decisiones, es decir, ame a las personas más que a las opiniones.

• *Concentre su atención en los intereses, no en las posiciones.* No invierta tiempo en lo que tiene que ver con una posición, dedíquese a los intereses comunes, que son los que valen para mantener la relación.

• *Invente opciones creativas* para el mutuo beneficio. Busque una solución de mutuo beneficio al conflicto, ampliando el número de opciones, y conviniendo con el criterio objetivo o los principios por los cuales decidirá qué es lo mejor.

• *Ceda en asuntos de conveniencia personal.* Sin embargo, permanezca firme, con integridad, en asuntos de principios o valores personales.

Confrontación y cuidado

Un equilibrio entre la confrontación, las decisiones y la preocupación por los demás, fortalecerá y aumentará la relación de cualquier guía. En la Biblia, muchos hombres nos dan ejemplo de este amor enérgico. Fue usado, por ejemplo:

• Por el profeta Natán con el adúltero David (lea 2° Samuel 11–12);

• Por Jesús, con Pedro, quien había negado tres veces a su Señor (lea Juan 21:15–19);

• Por Pablo, con Pedro, quien había cedido en el asunto de la justificación por la fe, tanto para los judíos como para los gentiles por igual (lea Gálatas 2:11–16).

Confrontar	Cuidar
Me preocupa profundamente el asunto en juego.	Me importa nuestra relación.
Quiero expresar claramente mi punto de vista.	Quiero oír su punto de vista.
Pido respeto para mi punto de vista.	Quiero respetar sus opiniones.
Quiero que confíe sus sentimientos sinceros.	Confío en que podrá manejar mis sentimientos sinceros.
Quiero que se mantenga trabajando conmigo hasta que hayamos llegado a un nuevo entendimiento.	Prometo permanecer en la discusión hasta que hayamos llegado a un entendimiento.
Quiero su punto de vista sincero, claro y sin presión sobre nuestras diferencias.	No quiero presionarlo, o manipularlo, o distorsionar las diferencias entre nosotros.
Quiero que me confronte con amor	Le doy mi respeto sincero y de amor.

Esta necesidad de confrontar sinceramente asuntos serios con preocupación genuina por los demás, se ve claramente en la siguiente lista para guías (adaptada de David Augsburger, *Caring Enough to Confront* Ventura, California: Regal, 1980).

Recuerde que la Biblia ordena, que tanto el que ha sido ofendido como el que ofende, busquen reconciliación. Reconozca cualquier acción y actitud de su parte que hayan conducido a romper la relación. Admita la herida y las consecuencias en la gente involucrada, así como el remordimiento por la ofensa en sí. Sin embargo, el individuo que se arrepiente no puede restaurarse a sí mismo; otra persona debe tomar la iniciativa. Bernabé (lea Hechos 4:36) fue reconocido por su ministerio de restaurar a las personas que no tenían buena relación. Tomó bajo su protección a Saulo de Tarso, defendiéndolo cuando éste se convirtió al cristianismo, cuando la iglesia primitiva no confiaba en él. En otra ocasión, años más tarde, Bernabé se puso al lado del joven Juan Marcos, que había salido repentinamente del equipo misionero, y que fue rechazado por Pablo (lea Hechos 15:36–41). Gracias a una relación de orientación con Bernabé, Juan Marcos más tarde demostró a Pablo que era útil (lea 2ªTimoteo 4:11).

Seguramente usted ha captado la idea, las reuniones de orientación no son para los temerosos. Sólo aquellos que van un poco más allá y muestran amor bíblico son los que cosecharán la recompensa. Restaurar a un hermano puede ser la tarea más dura que tenga que hacer. Sin embargo, en esos momentos críticos, en los que se asimila la enseñanza, y que construyen o destruyen el ministerio de un hombre, sólo se puede confiar en un guía que ha demostrado su fidelidad como amigo.

Conclusión

Usted puede ser un Bernabé a Saulo de Tarso o a un Juan Marcos. O puede ser un Pablo a un Pedro y a un Timoteo. En cualquier caso, siga el credo del guía (2ª Timoteo 2:2): «Lo que has oído de mí ante muchos testigos, esto encarga a hombres fieles que sean idóneos para enseñar también a otros».

El credo del guía, junto con el mandamiento para guiar, son esenciales para ser un Cumplidor de Promesas. Necesitamos unos pocos hermanos dignos de confianza para ayudarnos a cumplir nuestras promesas. Eso es todo lo que hay que hacer. Así de simple. Y así de difícil.

Un hombre y sus consejeros

Evaluación personal

¿Puede identificar a uno o más de los siguientes personajes en su vida?
Pablo_____
Bernabé_____
Timoteo_____
Para cada una de las personas mencionadas arriba, a las que usted no ha puesto ningún nombre, ¿puede pensar quién o quiénes serían candidatos *potenciales*?

Evaluación en grupo

1. Si se siente cómodo en hacerlo así, comparta con el grupo la oración que escribió la semana pasada.
2. Complete esta oración: cuando pienso en guiar a otros, yo...
3. En sesenta segundos, hable acerca de alguien que fue o que es un guía en su vida.
4. El doctor Wagner identifica varias razones por las que los hombres tienen dificultad en establecer amistad íntima. Revise la lista con el grupo y discutan cuáles sienten que son las más apropiadas de acuerdo con su experiencia.

   • Los hombres confían demasiado en sí mismos.
   • Los hombres no sienten.
   • Los hombres no tocan.
   • Los hombres no necesitan compañerismo.
   • Los hombres usan a las personas, y aman las cosas.
   • Los hombres son demasiado competitivos.
   • Lo s hombres son muy machos.

5. Cuente cómo hizo cada uno de ustedes para identificar a un Pablo, un Bernabé y un Timoteo en sus vidas. Para ayudar a la discusión, ustedes podrían contestar las siguientes preguntas:

   • ¿Qué características estoy buscando en un Pablo?
   • ¿Qué características quiero en un Bernabé?
   • ¿Qué características debo buscar en un Timoteo?

6. ¿Cómo podemos ser hermanos y guías los unos a los otros?
7. Piense en reunir un grupo para una actividad social, un asado, una partida de golf, un juego de pelota con los hijos, o algo parecido.

Versículo para memorizar: «Y si alguno prevaleciere contra uno, dos le resistirán; y cordón de tres dobleces no se rompe pronto» (Eclesiastés 4:12).

Tarea para la semana

1. Haga una lista de candidatos potenciales para ser un Pablo, un Bernabé y un Timoteo en su vida. Comience a orar para que Dios lo junte con el o los hombres apropiados para cada una de estas áreas.
2. Lea la promesa número tres: «El hombre y su integridad», antes de la próxima reunión.

El hombre
y su integridad

Un Cumplidor de Promesas
está comprometido a practicar
la pureza espiritual, moral,
ética y sexual.

PROMESA 3

Introducción

Si estamos viviendo las dos primeras promesas –honrar a Cristo y edificar relaciones vitales con unos cuantos hombres– será evidente la integridad en nuestras vidas. Acerca de ella trata la tercera promesa. Los Cumplidores de Promesas son conocidos como hombres de integridad.

¿A qué se parece la integridad? Esa pregunta puede ser contestada viendo cómo nuestra fe afecta la manera en que conducimos nuestros negocios y las decisiones morales que tomamos. Es la integridad la que impide que un Cumplidor de Promesas entre en un negocio turbio. Es ella la que le dice que debe decidir expresar su sexualidad sólo dentro de los límites de su matrimonio. Es la que lo lleva a hacer lo recto en lugar de hacer solamente lo fácil.

Tres hombres nos ayudan a entender los asuntos inherentes a este compromiso. Primero, el doctor Tony Evans habla sobre la pureza espiritual. Si las acciones externas de un hombre son la expresión de su ser interno, llegamos entonces a ser hombres de integridad por ser primero puros en espíritu. El doctor Evans es pastor de Oak Cliff Bible Fellowship en Dallas, presidente de Urban Alternative Ministries (Ministerios Urbanos Alternativos), y capellán del equipo de baloncesto Mavericks, de Dallas, Texas.

El doctor Gary Oliver nos guía luego al área de la pureza moral y ética. Gary es director clínico de Southwest Counseling Associates (Consejeros Asociados del Suroeste) en Denver, Colorado. Ha escrito varios libros, incluyendo *Real Men Have Feelings Too* [Los verdaderos hombres también tienen sentimientos].

Finalmente, Jerry Kirk trata con el que probablemente es el principal tópico cultural de nuestra era: nuestra sexualidad. Jerry es presidente de National Coalition Against Pornography.

Pureza espiritual

Por el doctor Tony Evans

Es dolorosamente visible que Estados Unidos está perdiendo sus familias. Las estadísticas actuales, las noticias y mi propia experiencia de asesoramiento pastoral confirman esta realidad de manera alarmante. Puesto que la única esperanza de supervivencia de una cultura es conservar sus familias, nuestra misma existencia está amenazada cuando hogar tras hogar cae víctima del divorcio, del abandono, del abuso, o de la negligencia.

Por muchos años los sociólogos han discutido acerca de las causas del problema. Los políticos han invertido miles de millones de dólares de dólares en nuestras ciudades, esperando que se resolviera el enigma. Otros se han mantenido al margen, rascándose la cabeza y preguntándose dónde se equivocó la sociedad. Mientras tanto, las estadísticas se elevan y la vida de incontable cantidad de niños se daña irreparablemente.

Estoy convencido de que la causa principal de esta crisis familiar es la afeminación del hombre norteamericano. Cuando digo *afeminación* no estoy hablando de preferencia sexual. Estoy tratando de describir un malentendido de la hombría, que ha producido una nación de hombres «afeminados» que abdican su función como líderes espiritualmente puros, forzando de esta manera a las mujeres a llenar el vacío.

En la comunidad negra, por ejemplo, las mujeres son las que mandan en un grado alarmante. Sesenta por ciento de niños negros crecen sin un padre en el hogar. Cuando termine el siglo, esa cifra subirá a 70%. Cuando esos niños sean enviados a la escuela, 83% de sus maestros serán mujeres. Si son lo suficientemente afortunados para estar involucrados en las actividades de la iglesia, casi todos los maestros de sus escuelas dominicales, personas que los cuidan y otros líderes, serán mujeres. Y aun en la comunidad blanca, donde más padres están en sus hogares, la declinante influencia de los hombres es un serio problema.

Pero no me malinterprete. Es apropiado, en verdad, es esencial para los niños ser alimentados, guiados y cuidados por las mujeres, pero Dios no diseñó ni ha aprobado la clase de desequilibrio exagerado que vemos hoy día. En muchos casos, las mujeres son forzadas a llevar solas la carga del liderazgo, y mantienen responsabilidades que Dios nunca quiso que tuvieran (después de todo, si los hombres no lo hacen, *alguien* tiene que hacerlo). En el proceso, sus circuitos emocionales y físicos se sobrecargan.

La culpa de este eclipse de la influencia masculina debe colocarse a los pies del hombre afeminado. De alguna manera, muchos hombres han tenido la idea de que la definición de hombría tiene que ver con cuántas mujeres han conquistado y el número de hijos que han engendrado. Alguien les dijo que hoy día el placer del sexo, sin amor ni compromiso, es algo correcto. Como consecuencia, en 1985, los que pagan los impuestos gastaron 16.5 mil millones de dólares en cuidar a los niños que tienen madre pero no padre.

Tanto hombres como mujeres están esclavizados por este concepto completamente antibíblico desconocido en la historia de la hombría. Mientras tanto, se ha hablado mucho de la liberación de la mujer, cuando lo que realmente necesitamos son *hombres* que sean liberados de las imágenes distorsionadas que ha formado nuestra cultura corrupta.

Muchas de estas ideas falsas son creadas y sostenidas por las películas. En su «generosidad», los magnates del cine han dado a los muchachos la oportunidad de escoger entre muchos modelos de papeles. Encabezando la lista están los «héroes» como Rambo y Dirty Harry, junto con los personajes encarnados por Steven Seagal, Arnold Schwarzenegger, Jean Claude van Damme y Chuck Norris. Estos sujetos se meten en el peligro con el valor de Superman, atrapan las balas entre sus dientes y desafían a los ejércitos sin la ayuda de nadie. Cuando el humo desaparece, emergen sin un rasguño, teniendo los cuerpos de sus enemigos bajo el pie.

Estos *«hombres muy machos»* producen mucho dinero con sus películas. Evidentemente, no le es difícil a una pieza de ficción de dos dimensiones competir con un padre ausente del hogar, o desinteresado. Esto ayuda a explicar por qué a esta altura tenemos muchachos portando armas y pandillas yendo a la guerra para emular a los únicos «padres» que han conocido.

Dado el tiempo necesario, esta ausencia de liderazgo degenera en una pérdida de conciencia. Después de todo, Rambo no sólo es violento, sino que es también alguien a quien nada le importa; terminará con usted en un instante sin darle mayor importancia. Estamos corriendo el riesgo de producir una generación de sociópatas. Se puede llegar al corazón de un individuo que tiene conciencia. Usted puede hablar con él acerca de lo bueno y lo malo, o por lo menos hacerle desistir de su propósito por medio de la amenaza de las consecuencias severas que trae su proceder. Pero un individuo sin conciencia está completamente fuera de control.

Más y más delincuentes juveniles no tienen miedo de sus padres, ni de la policía, ni de la prisión. En realidad, hay un creciente sentimiento entre nuestros jóvenes de que la cárcel no es una opción tan mala. Después de todo, «en el interior» usted tiene garantizadas tres comidas al día, una cama caliente para dormir, inodoro interior y la oportunidad de estar con los compañeros. Si la detención no es ya un medio disuasivo, los intentos tradicionales de obligar al cumplimiento de la ley son poco menos que un chiste de mal gusto.

Al otro extremo del espectro de los medios de comunicación están los hombres de los programas de televisión de mayor audiencia, modelos de hombres indisciplinados que viven por sus hormonas antes que por sus principios de dignidad, moral y respeto. Muchos hombres están funcionando como perros, viviendo únicamente para satisfacer su lujuria, sin importar el costo para ellos mismos, para otros o para la sociedad.

A medida que la razón da lugar al temor, la gente busca algo a lo cual echarle la culpa. En un progama especial de televisión con Ted Koppel sobre delincuencia juvenil, los dedos acusadores señalaron como culpables al sistema de justicia criminal, a la economía injusta y al persistente racismo; aunque todos esos problemas son dignos de nuestra atención, todos no son sino síntomas de una enfermedad más seria. ¡Seamos realistas! La economía no es una excusa para la promiscuidad y la irresponsabilidad. Y el racismo no tiene nada que ver con el embarazo de muchachas adolescentes.

El hecho es que si el padre no provee un liderazgo espiritualmente responsable en el hogar, el niño está en un gran problema. Eso es lo que los gobernantes no entienden. Sin familias fuertes, edificadas en un marco de moralidad bíblica, no hay suma de dinero –ni federal, ni estatal, ni del condado, ni programa municipal– que pueda sacarnos del pozo en el que hemos caído.

¿Cómo podemos romper el ciclo? Consiguiendo hombres que asuman sus responsabilidades y vuelvan a tomar las riendas del liderazgo espiritualmente puro que Dios quiso que tuviéramos. De otra manera, nuestra cultura está perdida. Creo que la nuestra es la última generación capaz de producir un cambio. Después de ésta, será demasiado tarde.

Debemos llegar a ser otra vez hombres espiritualmente dirigidos, puros en nuestras pasiones y en nuestras prioridades.

La Biblia nos provee un retrato de tal hombre. Su nombre era Job. Lo recordamos como el hombre cuya fe fue duramente probada. Pero aquí veremos algo más de este patriarca bíblico.

El carácter de un hombre espiritualmente puro

Se presenta a Job como el ejemplo de un hombre espiritualmente puro. Dios dice que él era «hombre perfecto y recto, temeroso de Dios y apartado del mal» (Job 1:1).

En Job 29, su carácter es descrito con más detalle, dándonos una guía clara para cualquier hombre que desee entender la naturaleza total de una pureza espiritual.

Primero, un hombre espiritualmente puro tiene una continuidad divina con el pasado.

«¡Quién me volviese como en los meses pasados, como en los días en que Dios me guardaba, cuando hacía resplandecer sobre mi cabeza su lámpara, a cuya luz yo caminaba en la oscuridad; como fui en los días de mi juventud, cuando el favor de Dios velaba sobre mi tienda; cuando aun estaba conmigo el Omnipotente, y mis hijos alrededor de mí» (Job 29:2-5).

Job podía mirar atrás por encima de su hombro y ver el movimiento divino de Dios en su pasado. Tenía una herencia divina. Nosotros, en algún lugar a lo largo del camino, perdemos contacto con eso. Dios ya no está en control de lo que sucede en nuestras comunidades. Los principios cristianos de vida no pasan ya de generación en generación como fue alguna vez. *Sugiero* que este proceso comenzó a fallar cuando los padres comenzaron a *enviar* a sus hijos a la iglesia, en vez de *llevarlos*; cuando los padres renunciaron a proveer liderazgo espiritual en el hogar.

Por otro lado, Job hacía las cosas de una manera diferente:

«Y acontecía que habiendo pasado en turno los días del convite, Job enviaba y los santificaba, y se levantaba de mañana y ofrecía holocaustos conforme al número de todos ellos. Porque decía Job: quizá habrán pecado mis hijos, y habrán blasfemado contra Dios en sus corazones. De esta manera, hacía todos los días» (Job 1:5).

¡He aquí un hombre con diez hijos! Cuán fácil hubiera sido decir que estaba demasiado ocupado y cansado para orar. En lugar de eso, sin embargo, pasaba las primeras horas de la mañana arrodillado, trayendo a su familia delante del Señor. Entendió que el padre debe ser el sacerdote del hogar, y mantener esa continuidad de compromiso entre generaciones, dando ejemplo de una vida consagrada a Dios.

Segundo, un hombre espiritualmente puro está comprometido a criar a sus hijos.

Note la referencia en nuestro texto original: «Mis hijos [estaban] alrededor de mí» (Job 29:5). Job no llegaba a su tienda después que los muchachos se iban a dormir. Ni los estaba apurando para que se acostaran sólo para librarse de ellos. Dejaba que sus hijos lo *rodearan –los diez*. Cuando se trata de transferir nuestros valores a nuestros hijos, mucho más es *aprendido* que *enseñado*. El proceso requiere el tiempo del padre –algo que parece escasear peligrosamente estos días.

En la época de Job, se entendía que el ser padre involucraba un compromiso no sólo de calidad, sino también de cantidad. El método bíblico acerca de la planificación de la familia es bastante simple: mientras más hijos, mejor. La manera de construir una nación (o, en nuestro caso, cambiar una comunidad) era por la multiplicación de las familias. Cuán diferente del mundo egoísta en el que vivimos hoy día, donde se piensa que los hijos están agotando nuestras energías y recursos. «Yo he tenido que comprar dos Cadillacs, no puedo mantener hijos» «Tuve que comprar mi casa en la zona residencial de la ciudad, no puedo mantener muchachos» «Hice mis trajes de marca muy fina, no puedo mantener a los muchachos» Eso, francamente, es una manera de pensar pagana y ridícula.

Tercero, un hombre espiritualmente puro gana respeto.

Ganar respeto es muy diferente de simplemente esperarlo. Un verdadero hombre se comporta de tal manera que usted no puede dejar de respetarlo.

> «Cuando yo salía a la puerta a juicio, y en la plaza hacía preparar mi asiento, los jóvenes me veían, y se escondían; y los ancianos se levantaban, y estaban de pie. Los príncipes detenían sus palabras; ponían la mano sobre su boca. La voz de los principales se apagaba y su lengua se pegaba a su paladar» (Job 29:7–10).

Job iba a la puerta de la ciudad (es decir donde se reunían los oficiales del gobierno) y se sentaba en la plaza (el concilio de la ciudad). Los jóvenes lo veían y decían: «¡Nos tenemos que ir. El señor Job está aquí!» ¿Puede imaginarse a la mayoría de los jóvenes de hoy en día en una situación como esa? No, ellos dirían: «¡Yo no me voy a levantar por ningún señor Job. Nadie me tiene que decir lo que tengo que hacer!»

Antiguamente, los hombres y las mujeres de edad eran tratados con bondad y respeto. Ahora son vistos como una presa fácil, como víctimas sin esperanza. Si los jóvenes no aprenden a respetar a sus propios padres, ¿por qué deberían brindar esa consideración a un extraño?

Los mayores, por otro lado, se levantaban cuando Job aparecía. Aunque estos miembros del concilio eran sus dirigentes, Job les infundía respeto.

Los príncipes, eran los jóvenes profesionales que con mucha labia, hacían tratos de negocios en su ascenso por la escalera del éxito, dejaban de hablar cuando Job llegaba. Job cambió su ambiente siendo parte de él. Sin decir una palabra, fijó una nueva norma de una manera bastante parecida a como lo hacen los clérigos hoy día. El tono de una conversación cambia a menudo cuando un representante del Señor está escuchando. Enseguida dicen: «¡Shh! Es el Reverendo fulano de tal».

Este fenómeno no está limitado a los que están en el ministerio. Pero ciertamente no tendrá lugar si usted participa en las críticas, chismes y lenguaje obseno. ¿Por qué debería alguien seguir su dirección si le han oído usar un lenguaje pervertido, echar por los suelos la dignidad de las mujeres y generalmente deshonrar a Dios?

Cuarto, un hombre espiritualmente puro es también un hombre de misericordia.

«Porque yo libraba al pobre que clamaba, y al huérfano que carecía de ayudador. La bendición del que se iba a perder venía sobre mí, y al corazón de la viuda yo daba alegría» (Job 29:12–13).

Mi amigo, ellos le mintieron si le dijeron que los muchachos grandes no lloran. Los verdaderos hombres han tenido suficiente compasión para reconocer y responder al dolor de otros. Ellos no sienten la necesidad de esconder o negar esos sentimientos tiernos y tienen el valor de actuar a favor de los más débiles o menos afortunados que ellos. Están involucrados en su comunidad, haciendo una diferencia para los pobres de este mundo.

Job usó sus riquezas para resolver problemas, no para elevarse sobre el nivel de la «gente común». La benevolencia de Job puede haber cerrado las bocas de los nobles orgullosos, pero los corazones de las viudas cantaban de alegría. Cuando la gente pobre veía a Job, reconocía a su campeón. Job sabía cómo brindar su ayuda de una manera adecuada.

Quinto, un hombre espiritual es una persona de justicia.

«Me vestía de justicia, y ella me cubría; como manto y diadema era mi rectitud. Yo era ojos al ciego, y pies al cojo. A los menesterosos era padre, y de la causa que no entendía, me informaba con diligencia» (Job 29:14–16).

Un verdadero hombre sabe que lo malo es malo. Usted no puede influir en él señalando que la multitud está yendo en la dirección opuesta. El buscará la verdad y reaccionará de acuerdo con ella. No está intimidado por la raza o por la riqueza. Rehusa participar en juegos políticos.

Los afeminados cambian la verdad por la popularidad. Venderían sus almas para lograr aceptación. Por miles, se unen a las pandillas con la vana esperanza de encontrar el amor, la atención y la autoestima que no pudieron encontrar en el hogar. Las pandillas son «familias alternativas» formadas por jóvenes cínicos, endurecidos y resentidos que nunca aprendieron a distinguir ente el bien y el mal –porque papá no estaba allí para enseñarles.

Sexto, un hombre espiritualmente puro es un hombre de estabilidad.

«Decía yo: en mi nido moriré, y como arena multiplicaré mis días. Mi raíz estaba abierta junto a las aguas, y en mis ramas permanecía el rocío» (Job 29:18–19).

Mi padre está ahora envejeciendo, y lo amo más que nunca. Todavía vive en el mismo barrio en Baltimore donde yo crecí, pero el lugar ha cambiado. Usted no puede caminar por la calle sin ver a un traficante de drogas parado en la esquina. Cada año, cuando lo visitamos, le digo:

—Papá, estoy verdaderamente preocupado. No puedes permanecer aquí. Esto se está volviendo demasiado peligroso.

El me responde:

—Mis raíces están aquí. He criado a mis hijos y he servido a mi Señor, y quiero pasar el resto de mis años con mi esposa *precisamente aquí*. Dios me ha cuidado hasta ahora. ¿Por qué dejaría El de hacerlo?

Eso es estabilidad. Ese es un hombre que sabe lo que Dios lo ha llamado a hacer, y usted puede depender de El para hacerlo. Hoy día, las familias carecen de raíces porque carecen de propósito y dirección. Saltan de lugar en lugar, de empleo en empleo, buscando la buena vida. Sus planes para el futuro son una confusión de caprichos centrados en sí mismos. Un verdadero hombre puede estar en movimiento (como Abraham), pero su familia sabe a dónde va, y esa familia podrá fortalecerse porque sabe que puede confiar en él.

Finalmente, un hombre espiritualmente puro tiene sabiduría

«Me oían, y esperaban, y callaban a mi consejo. Tras mi palabra no replicaban, y mi razón destilaba sobre ellos. Me esperaban como a la lluvia, y abrían su boca como a la lluvia tardía. Si me reía con ellos, no lo creían; y no abatían la luz de mi rostro. Calificaba yo el camino de ellos, y me sentaba entre ellos como el jefe; y moraba como rey en el ejército, como el que consuela a los que lloran» (Job 29:21–25).

Usted no necesita una educación universitaria para ser sabio. El mundo está lleno de tontos bien educados. La verdadera sabiduría es la capacidad de tomar la verdad de Dios y aplicarla a la vida. Todo lo que esto requiere es un corazón para Dios y un poco de sentido común. «Y si alguno de vosotros tiene falta de sabiduría, pídala a Dios, el cual da a todos abundantemente y sin reproche, y le será dada» (Santiago1:5).

Reclamando su hombría

Puedo oírlo decir: «Quiero ser un hombre espiritualmente puro. ¿Dónde puedo comenzar?»

La primera cosa que tiene que hacer es sentarse con su esposa y decirle algo como esto: «Querida, he cometido una terrible equivocación. Te he dado mi papel. He renunciado a dirigir esta familia y te he forzado a tomar mi lugar. Ahora debo reclamar ese papel».

No malinterprete lo que le digo aquí. No sugiero que *pida* que le devuelvan su papel, le urjo a que lo *tome de nuevo*. Si simplemente lo pide, su esposa puede decirle: «Mira, durante los últimos diez años he criado a estos muchachos, he cuidado de la casa, y he pagado las cuentas. He tenido que conseguir un trabajo y cumplir todavía con mis obligaciones en el hogar. Tengo que hacer mi trabajo *y* el tuyo. ¿Crees que voy a devolverte todo esto?»

La preocupación de su esposa puede estar justificada. Desgraciadamente, sin embargo, usted no puede ceder en cuanto a esto. Si va a dirigir, debe dirigir. Sea sensible, escuche. Trátela amable y cariñosamente. ¡Pero *dirija!*

Habiendo dicho esto, permítanme dirigirles a ustedes, señoras que pueden estar leyendo este libro, unas cuantas palabras cuidadosamente escogidas: ¡*Devuélvalo!* Por amor a su familia y por la supervivencia de nuestra cultura, deje que su hombre sea un hombre si él lo quiere. Protéjase, si debe, entregando lentamente las riendas; dé un paso a la vez. Pero si su esposo le dice que quiere reclamar su papel, ¡entréguelo! Dios nunca quiso que usted llevara la carga que está llevando.

Hombres, ustedes pueden minimizar el escepticismo de sus esposas dando algunos pasos inmediatos y visibles en la dirección correcta. Por ejemplo, deje que su horario refleje su nuevo compromiso. «Querida, en lugar de mirar la televisión, vamos a apagarla, y ese va a ser nuestro tiempo para conversar». O: «En vez de ir al gimnasio tres días por semana, estoy cortándolo a uno, y voy a dedicarte cada viernes por la noche. Vamos a comenzar a salir nuevamente».

Otro aspecto que merece atención inmediata es la iglesia. No deje que su esposa siga llevando la batuta espiritual de la familia. Asuma la tarea de llevar a su familia a la iglesia y condúzcase como un líder cuando esté allí. Reclame enseñar a los muchachos en la escuela dominical. Reclame los papeles de diácono y de líder. Llegue a ser el padre de los que no lo tienen. Sea un miembro activo de la iglesia. Permítase llegar a ser responsable ante otros hombres quienes, como usted, quieren ser la clase de hombres que Dios quiere que sean.

Una tercera manera de demostrar su resolución de dirigir es llegar a ser un esposo amante, según los principios bíblicos. El amor bíblico es un amor de compromiso. Tiene que ver más con sus acciones que con sus sentimientos. Cualquier perro puede satisfacer su libido. Sin embargo, se necesita ser un hombre espiritualmente puro para ser fiel *a pesar de* sus pasiones.

Al comienzo de la lista de las «diez afirmaciones más estúpidas» está esta: «No pienso que Dios quiere que seamos infelices, y a pesar de eso lo somos». Por supuesto, Dios no quiere que sea infeliz, pero tampoco quiere que tenga una vida libertina. Muchas parejas simplemente no reconocen, o no considerarán la tercera opción: honrar su compromiso el uno al otro y trabajar en la solución de los problemas.

Esa idea no va muy bien con estos días. El «yo primero» es una mentalidad demasiado dominante, y esa clase de actitud no viene de la Biblia, se origina en los afeminados de la esquina que dicen: «¿Tu mujer quiere que llegues temprano a casa? Hombre, yo voy a casa cuando me da la gana. No voy a permitir que ninguna mujer me diga a qué hora debo regresar». Por supuesto, eso explica por qué él está en la esquina de la calle. Si su esposa tiene alguna sensatez, ¡no lo quiere para nada en la casa!

Deje de escuchar a los entrometidos inadaptados. Un verdadero hombre armado con el amor bíblico sacrifica todo aquello que quiera interferir en su vocación como esposo, padre y miembro activo de la iglesia. Su familia y Dios no merecen menos que eso de usted.

Si falló en el pasado, confiese a Dios sus pecados. Comprométase de nuevo con sus prioridades espirituales. Póngase de pie, quítese el polvo de encima, y *«vaya y no peque más»*.

Lo que he presentado en estas páginas está expuesto a ser impopular. Estoy preparado para esa reacción. Mi única petición es que se haga algunas preguntas. Por supuesto, la más importante es: «¿Es bíblico este concepto?» Si es así, las opiniones de los críticos significan poco. La siguiente pregunta es: «¿Se aplica a mí?» No todo hombre ha llegado a ser afeminado. Si está genuinamente libre de los síntomas que he descrito, necesitamos desesperadamente su ayuda para llevar el mensaje a otros. Pero si está inseguro –si se ha retorcido en su silla o ha sentido que se le han parado los pelos de la espalda o del cuello durante la lectura de este capítulo– ore por un momento. Pídale al Señor que lo ayude a evaluar su realización como padre y esposo.

Es mucho lo que está en juego para permitir que el falso orgullo se plante en nuestro camino. Nuestros hijos, nuestras familias, nuestra nación, y nuestro futuro están en peligro.

Vamos, hombres. Tenemos trabajo que hacer.

Negro y blanco en un mundo gris

Por el doctor Gary J. Oliver

El juez miró desde su sitio y, con voz solemne, declaró: «¡Señor Wilson, este es su día de ajuste de cuentas!» Luego lo sentenció a siete años y medio en una prisión federal.

En respuesta, el abogado de Wilson pidió que se le permitiera a éste estar unos pocos minutos con su familia y amigos antes de entregarse a las autoridades.

El juez contestó: «Los oficiales del tribunal se van a llevar al señor Wilson precisamente ahora. Debió haber pensado en eso antes».

Wilson fue uno de los cuatro hombres de California acusados de fraude financiero y sentenciados a prisión en ese caso particular. *Cinco* hombres fueron investigados originalmente, pero el quinto, Mark Jacobs, no fue arrestado ni acusado.

Durante un estudio bíblico, Jacobs fue invitado por sus cuatro amigos (los hombres enviados a prisión) a participar en el fraude financiero. Ellos le habían asegurado que su plan era totalmente legal. Sin embargo, algo dentro de él le decía que no estaba bien. Es difícil decir no a los buenos amigos, pero él decidió seguir los dictados de su conciencia y les dijo que no participaría.

Los abogados de los cuatro convictos alegaron ante el juez que sus clientes habían simplemente cometido equivocaciones por falta de discernimiento. Eran hombres buenos que amaban a sus esposas e hijos, daban dinero para obras de caridad, y eran activos en sus iglesias. El crimen involucraba una «área gris», cruzando una línea que no estaba clara.

El juez no estuvo de acuerdo. «No es difícil determinar dónde está la línea», dijo. «El hombre que trazó la línea fue Mark Jacobs. El sabía lo que era bueno y lo que era malo, y no vaciló. Esperamos que ahora haya menos personas que quieran caminar hasta la línea y meterse en algún negocio que tenga que ver con cruzar la línea. Tendremos personas como el señor Jacobs que no tocaría ésta ni con una vara de tres metros de largo».

El caso es sólo un ejemplo de la crisis ética y moral que se estea extendiendo por nuestra nación. La clase de gente puede cambiar e involucrar vendedores de bienes raíces, banqueros, abogados o evangelistas de televisión, pero el escrito es el mismo. Somos una generación que no tiene definido dónde está la línea entre lo bueno y lo malo. Muchos no creen que hay una línea, o no les importa si la hay.

En 1966, un profesor norteamericano llamado Joseph Fletcher publicó un influyente libro titulado *Situation Ethic* [Eticas de situación]. Su premisa básica era que no hay nada universalmente bueno o malo, correcto o incorrecto. No hay absolutos. La moral está determinada por la situación. Un acto correcto en una situación, puede ser incorrecto en otra.

Lo que fue sólo una discusión filosófica en 1966, ha llegado a ser, en 1994, la base de la moral de nuestra sociedad. Hace treinta y cinco años nuestro país seguía la ética judeocristiana. Pocas personas ponían en duda que la castidad era algo bueno, que el trabajo duro era el deber de todo hombre responsable, que la conducta homosexual era mala, y que no era correcto mentir, engañar, robar o cometer adulterio. Pero hoy día, nuestra ética y nuestra moral no está ya basada en Jerusalén; se basa en Sodoma y Gomorra.

Si usted lleva la ética de situación a su conclusión lógica, termina con Auschwitz, Dachau, y Buchenwald. En efecto, a la entrada del campo de concentración de Auschwitz hay un letrero de Adolfo Hitler: «Quiero formar una generación desprovista de conciencia». Casi tuvo éxito.

Diariamente somos influenciados por la filosofía y los valores de los que nos rodean. En un famoso experimento, unos estudiantes pusieron a un sapo en un recipiente con agua, y comenzaron a calentar el agua lentamente. Finalmente el agua llegó al punto de ebullición, sin embargo el sapo nunca intentó saltar. ¿Por qué? Porque los cambios en el ambiente eran tan sutiles que el sapo no se dio cuenta hasta que fue demasiado tarde.

Como hombres cristianos, es más fácil de lo que pensamos el que terminemos como el sapo. Muchos hombres consagrados a Dios —pastores, profesores de seminario, líderes cristianos amados y respetados— se han rendido a los valores del mundo porque no han discernido los sutiles cambios que ocurren a su alrededor. Antes de que ellos lo supieran, ya estaban en el agua hirviendo. No querían eso. No era su intención estar allí. No pensaron que les sucedería, pero les sucedió. Si el deseo de su corazón es ser un Guardador de Promesas, usted necesita pensar seriamente en la conexión que Jesús hizo entre el cristianismo y la moralidad. Quiénes somos determinará lo que hacemos. La Biblia nos ordena que seamos «santos y sin mancha» (Efesios 1:4) vivamos «como es digno de la vocación con que fuisteis llamados» (Efesios 4:1), logremos la madurez (Efesios 4:13) y seamos «imitadores de Dios» (Efesios 5:1).

¿En qué piensa cuando oye la palabra *santo*? La mayoría de nosotros piensa en algún otro, no en nosotros mismos. Tanto en el original hebreo y griego de la Biblia la palabra *santo* se refiere a algo o alguien separado y colocado aparte para Dios. Una característica principal de un hombre santo es la pureza. Algo que es puro es sin mancha, sin contaminación, sin contener nada que no le pertenezca apropiadamente, libre de falta o culpa moral.

La pureza no es un accidente, y no es algo que sucede de la noche a la mañana. Pedro la comparó con el proceso de purificar el oro (lea 1ª Pedro 1:6-7). El oro tiene que ser calentado y recalentado varias veces para que las aleaciones e impurezas salgan a la superficie, de donde el orfebre puede quitarlas. Si usted olvida que llegar a ser puro es un proceso, corre el riesgo de llegar a sentirse abrumado por el desaliento cuando experimente esos contratiempos inevitables.

No es suficiente que usted desee ser puro, ni que lo quiera con sinceridad, o que necesariamente trabaje duro para llegar allí. También necesita un plan para ser conformado «a la imagen de su Hijo» (Romanos 8:29). Como dice el antiguo refrán: «Un viaje de mil millas comienza con el primer paso» ¿Cuál será su primer paso? ¿Dónde puede comenzar? El resto de este capítulo presenta siete pasos simples que Dios puede usar para ayudarlo a llegar más allá de las buenas intenciones y colocarlo en el camino a la pureza.

Primer paso: tome una decisión.

Cuando Nabucodonosor, el rey de Babilonia, conquistó Judá, ordenó que miles de los mejores y más brillantes jóvenes fueran llevados cautivos a Babilonia. Su meta era introducirlos en la cultura seductora de Babilonia, y de esa manera rehacer su carácter. Haría que volvieran sus corazones del Dios de sus padres a la idolatría de los caldeos.

Daniel era uno de esos hombres. El rey cambió su nombre a Beltsasar, que significa «siervo del Dios Bel». El rey ordenó a los cautivos pasar por tres años de entrenamiento especial, el cual incluía una cierta dieta. Ahí fue donde Daniel trazó la línea. No pudo evitar la educación del rey, pero pudo evitar el alimento que había sido ofrecido a los ídolos. En Daniel 1:8, leemos que «Daniel propuso en su corazón no contaminarse con la porción de la comida del rey, ni con el vino que él bebía».

Daniel tomó la *decisión* de no comprometerse ni contaminarse. *Contaminarse* es «hacer sucio o impuro, corromper la pureza o la perfección, degradarse, mancharse, profanar, infectar y deshonrar». Esta no es una lista agradable de palabras. Daniel escogió mantenerse a la altura de lo que sabía que era correcto. La influencia de la moralidad social no significaba nada. Ser un hombre de Dios era todo.

Casi cada día, usted llega a alguna clase de bifurcación en el camino. Como Daniel, encara decisiones difíciles. Lo que decide en esa bifurcación es influído grandemente por las decisiones que tomó el día anterior acerca de la clase de hombre que usted es.

Segundo paso: escoja poner en orden las prioridades.

No es fácil ser puro en un mundo impuro. Aun si usted llega a ser un «avestruz» cultural y evita todas las películas, escucha sólo la radio cristiana, lee únicamente libros y revistas cristianos, usted todavía está en la lucha. Nunca llegará a ser un hombre consagrado a Dios a través de la negación. Un ambiente puro, libre de contaminación no hace pura a la gente. En Marcos 7:15, 20-23 Jesús aclaró que lo que sale de *adentro* del hombre lo contamina. Allí es donde necesitamos comenzar.

Si un granjero no planta la semilla en el terreno, nunca cosechará nada. No importa cuán libre de cizaña esté su terreno; él debe también plantar y cultivar buena semilla. De la misma manera, podemos tener únicamente una cosecha de pureza e integridad plantando la buena semilla de la palabra de Dios en nuestras vidas. No estoy hablando acerca de leer simplemente la Biblia. Hablo acerca de permitir al Espíritu Santo plantar las verdades de la Biblia en lo profundo de nuestras mentes y corazones a través de la lectura constante de la Biblia y de su memorización, de la meditación y la oración.

Para que sea efectiva, la verdad debe ser plantada diariamente en nuestros corazones. Después de treinta y cinco años de ser cristiano, estoy convencido de que el mejor tiempo para hacer esto es en la mañana. Tenga en mente que esto lo escribe alguien que *no* es una persona madrugadora. Sin embargo, una afirmación del ya fallecido Dietrich Bonhoeffer fue un gran desafío para esta persona renuente a levantarse temprano:

«El día entero recibe orden y disciplina cuando adquiere unidad. Esta unidad se debe buscar y encontrar en la oración

matutina... la oración matutina determina el día. El tiempo des-
perdiciado, del cual nos avergonzamos, las tentaciones a las
que sucumbimos, las debilidades y la falta de valor en el trabajo, la desorganización y la falta de disciplina en nuestros pensamientos y conversaciones con otros hombres, todo tiene su origen muy a menudo en la negligencia a la oración matutina... las
tentaciones que acompañan al trabajo del día serán vencidas en
base a comenzar la mañana con Dios.» (*Psalms: The Prayer Book
of the Bible* Minneapolis: Augsburg, 1970, pp. 64-65)

**Tercer paso: determine dónde está la línea, y manténgase detrás a una
distancia segura.**

La mayoría de los hombres cristianos quieren ser fuertes y victoriosos. Queremos escuchar a Dios decir: «Bien, buen siervo y fiel». Queremos
que nuestras vidas se caractericen por la integridad. El problema es que
cada uno de nosotros tenemos debilidades y hábitos arraigados profundamente que pueden sabotear nuestras mejores intenciones.

Necesitamos ir más allá de los absolutos bíblicos y determinar qué
clase de cosas son saludables para nosotros, y qué clases no lo son. Lo que
un hombre puede ver y oír sin ningún problema, puede abrir la puerta a
tentaciones innecesarias para otro hombre y aumentar su vulnerabilidad
al pecado. El primer paso de Satanás en la batalla por nuestras mentes es
distraernos (lea Santiago 1:14-15). La distracción en sí misma puede que
no sea pecado. Puede parecer pequeña e insignificante. Sin embargo,
cualquier cosa que nos distrae o debilita nuestra resolución nos coloca en
riesgo.

Para ayudar a determinar su línea, conteste sinceramente estas preguntas:

- ¿En qué áreas de su vida lucha usted constantemente?
- ¿Hay algunos pecados en particular a los cuales usted es fácilmente
  vulnerable?
- ¿Hay algunas actividades que le consumen demasiado tiempo?
- ¿Cuál ha sido, en los años pasados, la «carnada» más efectiva de Sata-
  nás para atraerlo?

Muy rara vez el fracaso moral es el resultado de una explosión; casi
siempre viene como consecuencia de un goteo continuo. Para algunos
hombres, comienza con el deseo saludable de proveer para sus familias, y

terminan haciéndose adictos del trabajo, arrastrados por un insaciable apetito de trabajar. Para otros, comienza con algo aparentemente tan inocente como mirar las fotos de mujeres en trajes de baño de los anuncios en las revistas o la última publicidad de ropa interior que tiene su esposa en la mesa al lado de la cama.

Mire a Sansón, era físicamente fuerte y atractivo, nacido de padres consagrados a Dios y nombrado para ser juez en Israel. Tenía todo a su favor. Sin embargo, nunca trazó una línea, y se dejó manejar por su tendencia a la lujuria. Por eso, pagó un precio muy alto.

Determine dónde está la línea. Si no es algo que está especificado claramente en la Biblia, ore y busque el consejo de varios amigos que tengan sabiduría. Una vez que haya decidido dónde está la línea, *camine tres metros hacia atrás y ¡trace su propia línea!*

Deje siempre un margen. No mire cuán cerca puede estar de la línea sin cruzarla. Eso es más o menos como si un buzo quisiera saber con cuán poco aire puede contar en su tanque para llegar a la superficie. Sólo un necio haría algo semejante.

Cuarto paso: proteja su corazón.

Jesús aclaró que no podemos servir a dos señores. Donde está nuestro tesoro, también está nuestro corazón (lea Mateo 6:21). Como Chuck Swindoll escribió:

> «La búsqueda de carácter requiere que ciertas cosas se mantengan en el corazón, así como que ciertas cosas se mantengan lejos de él. Un corazón que no se proteje significa desastre. Un corazón bien protegido significa supervivencia. Si usted va a sobrevivir en la selva venciendo cada ataque que le acecha, tendrá que proteger su corazón.» (*The Quest for Character* [Portland, Oregon: Multnomah, 1987], pp. 19-20)

Sólo el amor apasionado por la pureza puede salvar a un hombre de la impureza. Cuando después de su resurrección, Jesús encontró a Pedro a la orilla del mar, no le recriminó por su falta de fe al negarlo. Tres veces le hizo a Pedro la simple pregunta: «¿Me amas?» Un creciente afecto por nuestro Señor Jesucristo es el único antídoto para la clase de apatía que nos conduce por el camino de rosas al compromiso.

Quinto paso: cuide su mente

En St. Louis, Missouri, hay un gran patio de maniobras del ferrocarril. Una palanca cambiavías que consiste apenas de una delgada pieza de acero dirige a un tren, sacándolo de la vía principal y llevándolo a otra. Si usted sigue esos dos vías, descubrirá que una termina en San Francisco, y la otra en Nueva York.

El pensamiento de nuestra vida se parece mucho a ese cambiavías. La aparentemente simple elección de lo que deciden nuestras mentes puede determinar el resultado de nuestra batalla espiritual. Una pequeña desviación de las normas de Dios puede ponernos en peligro y conducirnos muy lejos de nuestro destino deseado. Alguien dijo una vez:

> «Nunca hemos dicho o hecho una palabra o acción indignas de un cristiano, que no haya sido primero un pensamiento indigno de un cristiano. Nunca hemos sentido desagrado u odio hacia una persona sin tener primero pensamientos de desagrado que se han convertido en odio. Nunca hemos cometido un acto visible de pecado que nos ha avergonzado ante otros, que no fue primero un pensamiento vergonzoso. Nunca hemos juzgado mal a otra persona, sin primero pensar mal de ella en nuestra mente. Lo que habitualmente pensamos, se manifestará claramente, tarde o temprano, en alguna expresión visible de ese pensamiento.»

La mente es el lugar donde se toman las decisiones a favor o en contra de la verdad. Lo que escogemos leer, observar o pensar determinará en alto grado si seremos víctimas o victoriosos, conquistados o conquistadores.

Sexto paso: proteja sus ojos

En Génesis 39 vemos que José era lo suficientemente inteligente para saber que nadie puede jugar con fuego sin quemarse. Job también sabía la importancia de proteger sus ojos. El escribió: «Hice pacto con mis ojos» (Job 31:1). David, sin embargo, miró demasiado, e imprudentemente se entretuvo con fantasías peligrosas. Comenzando con poco fue deslizándose hacia lo mucho y su falta de sabiduría lo llevó a entretenerse con fantasías para nada saludables. No protejió sus ojos, y terminó cometiendo adulterio con Betsabé y asesinando a su esposo.

La corta canción de la escuela dominical tiene mucha sabiduría para nosotros:

«Cuida tus ojos, cuida tus ojos lo que ven
Cuida tus oídos, cuida tus oídos lo que oyen
Cuida tus labios, cuida tus labios lo que dicen
Cuida tus manos, cuida tus manos lo que hacen

> Cuida tus piés, cuida tus piés dónde van
> Pues tu Padre Celestial te vigila con afán;
> Cuida tus ojos, oidos, labios, manos pies»

Séptimo paso: protéjase de las cosas pequeñas

Jesús dijo que «el que es fiel en lo muy poco, también en lo más es fiel» (Lucas 16:10). Cuando joven no entendía por qué esto era tan importante. Ahora sé que en el proceso de llegar a ser un hombre consagrado a Dios no hay «pequeñas» cosas. En realidad, cómo manejemos las cosas que aparentemente son pequeñas, determina con el tiempo nuestra respuesta a las cosas grandes.

Si permite un pensamiento o actividad en su vida que sabe que no es lo mejor, aun cuando no sea pecaminoso en sí mismo, descubrirá que sus ojos espirituales se oscurecerán, que sus oídos espirituales se ensordecerán, y su alma se adormecerá a los «suaves dictados» del Espíritu. Tenga cuidado con la tentación de justificar o racionalizar. Muchos de mis propios fracasos comenzaron por moverme en una dirección cuando mi cabeza racionalizando decía: «No es pecado», mientras mi corazón decía: «No lo hagas». Tenga cuidado con afirmaciones tales como: «No es malo», «He visto cosas peores» o «La Biblia no dice nada acerca de eso». No pregunte qué hay de *malo* con cierta conducta o decisión. Pregunte qué hay de *bueno* con ellas. Pregunte: «¿Es lo que estoy considerando algo que me acercará o me alejará de mi meta de ser un Cumplidor de Promesas?»

Si hay alguna esperanza para nuestros matrimonios, nuestras familias, nuestras ciudades, nuestra nación y nuestra civilización, será cuando los hombres abracemos apasionadamente las normas bíblicas, que Dios ha establecido para nosotros de la clase de hombres que El quiere que lleguemos a ser. No es suficiente dar un asentimiento mental a la verdad. Debemos hacer un compromiso para ser hombres sin miedo de lo que costaría hacer ese compromiso, y luego lo mantengamos en alto —a veces aparentemente solos pero unidos en la verdad con miles de otros hombres que quieren hacer que sus vidas tengan un significado.

Recuerde: «Benditos -felices, envidiablemente afortunados, y espiritualmente prósperos los de limpio corazón, porque ellos verán a Dios» (Mateo 5:8. Paráfrasis del autor).

El llamado a la pureza sexual

Por Jerry Kirk

¡Seamos sinceros! La pureza sexual no es fácil, sea un creyente de mucho tiempo o un nuevo seguidor de Cristo.

John es uno de los muchos hombres típicos que he conocido. A los catorce años, habiendo sido criado en un hogar de sólidos valores cristianos, tuvo su primer contacto con la pornografía. Encontró una revista aparentemente inofensiva que alguien había tirado en la calle.

Fascinado y emocionado, John comenzó a consumir cada vez más pornografía. Esta se apoderó profundamente de él. Continuó buscando material más grosero cuando las revistas de pornografía blanda le comenzaron a parecer menos divertidas. Cuando John cumplió los diecisiete años, ya estaba adicto y frecuentaba las tiendas de pornografía, donde nunca se molestaron en preocuparse por su edad.

Se casó cuando tenía diecinueve años, pero continuó alimentándose de la pornografía que había llegado a ser parte constante de su vida. Pronto ésta fue el modelo para la intimidad con su esposa, y antes de mucho tiempo, él la obligaba a cometer actos que había visto en las revistas.

Después de siete años, el primer matrimonio de John se destruyó. Pronto encontró otra esposa, pero todavía no estaba convencido de que tenía un problema y aumentó su consumo de pornografía. Al poco tiempo –desanimada, frustrada y sintiéndose sin ningún valor, su segunda esposa le pidió el divorcio.

La historia de John no es extraña. He oído numerosos relatos similares de fervientes hombres cristianos en Cumplidores de Promesas en Colorado y en otras partes del país.

Lo triste es que debido a las presiones de nuestra cultura moderna es difícil encontrar ánimo y estímulo para llevar una vida de pureza sexual.

Los carteles, revistas y televisión usan el sexo para vender de todo, desde autos hasta agua de colonia, presentando mensajes cada vez más explícitos, a medida que la habilidad de los antiguos métodos de llamar la atención dejan de producir efecto. Las películas, la radio y los otros medios de comunicación, abierta y continuamente animan a la infidelidad y a la promiscuidad. Muchos políticos toman como un hecho que los jóvenes adultos serán sexualmente activos y consideran inútil estimular la abstinencia. Los hombres norteamericanos, *incluyendo a muchos cristianos*, gastan más de 8.000.000.000 de dólares al año en pornografía, blanda o dura.

Si debemos creer a las estadísticas, más de una tercera parte de todos los hombres engañan a sus esposas. Los índices de divorcios en nuestra cultura –aparte de los embarazos fuera del matrimonio, las enfermedades de transmisión sexual y las relaciones rotas– dan testimonio de la mala ética sexual prevaleciente y de las consecuencias de abandonar el llamado de Dios a la pureza sexual.

Pinto este cuadro bastante oscuro como una manera de hacer notar que, aparte de la Palabra de Dios, su familia y otros hombres cristianos, usted recibirá poco estímulo para vivir una vida pura por parte de la cultura que le rodea. Pero para el Cumplidor de Promesas que desea seguir a Cristo ¡hay esperanza!

No le he contado toda la historia de John. Permanezca conmigo, porque hay maravillosas noticias para el hombre que escoge vivir de acuerdo con el llamado de Cristo a la pureza, y con relaciones *genuinas y permanentes*. ¡Este es el resto de la historia!

¿Por qué le importa a Dios la pureza sexual?

Decidirse a permitir que Jesús sea Señor de su vida sexual moldeará *todas* las otras áreas de su vida, porque la sexualidad está en el centro de nuestro ser. Esta decisión influirá su capacidad actual y futura como esposo, padre y cristiano. Escoger la pureza es difícil, pero aquellos que hacen el esfuerzo y oran, vivir de acuerdo a las normas de Cristo, es un camino de profundo gozo y de *verdadera* satisfacción sexual. En ningún momento de la historia nuestra sociedad ha estado en mayor necesidad de hombres que quieran mantenerse firmes, ser diferentes, y demostrar el gozo de vivir de acuerdo con una norma fundamentalmente mejor.

En su esencia, la pureza es un reflejo del carácter y de la presencia de Dios en nuestras vidas. En la medida en que cada día caminamos hacia pureza sexual, reflejamos a todo el mundo que Dios está obrando en nosotros, moldeando nuestros deseos, nuestras decisiones y acciones con algo más que hormonas.

Esto le importa a Dios porque es algo que tiene que ver con el mismo corazón de nuestro testimonio, de nuestro entendimiento de la fidelidad de Dios, y el asunto vital de si verdaderamente creemos en Dios cuando El nos habla de un curso de acción definido que es mejor para nosotros. Le importa a Dios porque nos ama profundamente y quiere que disfrutemos lo que es más satisfactorio y significativo. Practicar la pureza sexual, aunque es difícil, es uno de los reflejos más fieles de la profundidad de nuestra relación con Cristo.

Esperamos que Dios cumpla sus promesas para con nosotros, particularmente la de perdonar nuestros pecados por Cristo. Vivimos en la firme esperanza de que lo que él ha prometido es realmente verdadero. *Sin embargo, muchos hombres encuentran difícil creer que Dios ha hecho lo mejor con respecto al sexo.* Algunos hombres cristianos consideran el llamado de Dios a la pureza sexual una cruz que de alguna manera deben llevar, en vez de una gran bendición para ser disfrutada porque enriquece el amor matrimonial y la vida familiar. Al llamarnos para ser sexualmente puros, Dios nos pide imitar su fidelidad para su pueblo (lea Efesios 5:29–32). Cuando cruzamos las fronteras colocadas por Dios para nuestro bienestar, escogemos un sendero que puede parecer atractivo a corto plazo. Sin embargo, esta actitud deteriora nuestra confianza en Dios y demuestra que no somos capaces de creer que El sabe lo que es mejor para nosotros.

Con respecto a nuestro testimonio al mundo, necesitamos no sólo mirar los numerosos ejemplos de creyentes que no han confiado en Cristo en esta área. ¿Cómo se siente usted cuando un pastor muy conocido o un líder cristiano es encontrado en una librería pornográfica, o en una relación de adulterio? ¿Tiene usted más respeto o menos respeto espiritual hacia el consejo de un amigo que no controla su conducta sexual, o hacia un joven líder cristiano soltero, involucrado sexualmente con su novia? Los fracasos sexuales devastan nuestro testimonio, porque el mundo entiende de sobra que Dios tiene una norma diferente y que no estamos viviendo de acuerdo con ella. Si impedimos que esta área sea controlada por Cristo, nuestra integridad queda comprometida y no encontramos ningún significado a su señorío.

¿Qué abarca la pureza sexual?

Nuestra sexualidad y nuestros deseos son dones maravillosos de Dios, y El sabe que pueden disfrutarse mejor en el contexto de la pureza sexual –tanto en el pensamiento como en la acción. Es vital recordar que la intimidad sexual es *pura* en el sentido más real, sólo cuando se ejerce apropiadamente. Aunque es algo bueno el escribir una carta de estímulo a un amigo, no sería apropiado hacerlo mientras manejamnos nuestro auto por una carretera a la hora de mayor tráfico. Las circunstancias importan, aun en relación con lo que se considera bueno, y esto es particularmente cierto referente a nuestra sexualidad. Para el soltero significa una voluntad de esperar para tener relaciones sexuales hasta el matrimonio. El llamado de Dios a la virginidad antes del matrimonio es inequívoco. Para los que ya han cometido una equivocación a este respecto significa hacer ahora un compromiso para una «segunda virginidad», que esperará a su cónyuge. Cuando nuestro arrepentimiento es sincero, Dios puede y quiere perdonarnos y restaurar *cualquier* pecado. Nunca es demasiado tarde para comenzar a obedecer a Dios y gozar de los frutos de la fidelidad.

La pureza significa también obedecer el mandamiento de Jesús de no codiciar lo que no es nuestro (Mateo 5:27–28). ¡Esto es difícil! Quiere decir que no debemos pecar sexualmente, ni con la acción ni con el pensamiento (la pornografía es una forma de buscar mentalmente una relación sexual). Para el soltero significa tratar a cada mujer con quien sale de una manera respetuosa y que preserve la pureza para su futuro esposo. La pureza significa también buscar en espíritu el llamado de Cristo, y no sólo por la letra de la ley. *No* significa tratar de encontrar una línea fina que marque los límites de lo que es aceptable, y arrastrarse hasta el mismo borde (y tal vez aun atisbar por tan sólo unos momentos).

Para nosotros,los hombres casados, la pureza sexual significa reflejar en la fidelidad a nuestras esposas, la absoluta fidelidad de Dios para con nosotros. El adulterio puede tomar muchas formas. Por ejemplo, observar películas picantes en el hotel de un aeropuerto, con o sin masturbación, durante un viaje de negocios; es una forma de adulterio emocional que finalmente debilitará el matrimonio. Todo hombre encara este desafío cuando viaja solo.

La verdadera intimidad no es sólo la función sexual –entra en nuestras vidas solamente cuando la fidelidad emocional, espiritual y sexual caracteriza la relación con nuestras esposas.

Una vida de pureza sexual

Dios ha establecido una norma alta, que nos bendecirá a nosotros y a los que amamos. He aquí algunos principios clave que muchos hombres han encontrado de utilidad en su esfuerzo por cumplir esta promesa esencial:

• *¡Las equivocaciones pasadas no significan fracasos futuros!* Muy pocos hombres cristianos están exentos de algún pecado sexual. Porque no entendemos completamente la profundidad del amor de Dios para con nosotros, pocos hemos sido totalmente fieles. Pero una equivocación en el pasado no es razón para renunciar a la práctica de la pureza sexual. El Dios que puede redimir y bendicir ctodas las demás áreas de nuestras vidas, también puede tomar control de nuestra sexualidad. La confesión y el perdón pueden limpiar. Aun en la tercera o cuarta vez de una recaída, podemos comenzar nuevamente este camino –o aun si existiera una décima o undécima vez– *todavía vale la pena el esfuerzo.*

• *La pureza sexual es tanto un asunto mental como corporal.* Las palabras de Pablo en Romanos 12:1–2 tienen la clave:

> «Así que, hermanos, os ruego por las misericordias de Dios, que presentéis vuestros cuerpos en sacrificio vivo, santo, agradable a Dios, que es vuestro culto racional. No os conforméis a este siglo, sino transformaos por medio de la renovación de vuestro entendimiento, para que comprobéis cuál sea la buena voluntad de Dios, agradable y perfecta.»

Si nuestros cuerpos van a ser un sacrificio vivo para Dios, debemos comenzar siendo «transformados por medio de la renovación de nuestra [mente]». El pecado sexual físico es por lo general el resultado de permitir que pensamientos pecaminosos echen raíz en nuestras mentes y corazones. ¿Cuántos de nosotros hemos nutrido pensamientos de infidelidad sexual en nuestras fantasías, sólo para encontrar más tarde que son difíciles de resistir? Si nos rendimos con imágenes titilantes, pornografía y otras tentaciones sugestivas que nos presentan los medios de comunicación, encontraremos imposible practicar la pureza sexual. Si controlamos lo que sucede en nuestras mentes, la pureza será mucho más fácil. Como muy bien anotó el salmista: «¿Con qué limpiará el joven su camino? Con guardar tu Palabra...en mi corazón he guardado tus dichos, para no pecar contra ti» (Salmos 119:9,11).

• *Practicar la pureza sexual es tanto un proceso como un compromiso.* Nuestro compromiso con la pureza sexual requiere desarrollo con el tiempo. Debe ser cultivado más que ningún otro hábito agradable a Dios, o no estará allí cuando venga la tentación. José huyó sin sus vestidos, antes que pecar contra Dios con la mujer de Potifar (lea Génesis 39). Su capacidad para actuar así fue el resultado de hacer lo recto una y otra vez, por lo que estuvo listo cuando vino la tentación. Debemos caminar tanto con un sólido compromiso hacia ciertas normas, como con un constante y humilde entendimiento de que, si no fuera por la gracia de Dios, no podríamos permanecer firmes.

• *No pretenda que sus deseos no existen.* La negación no produce una sexualidad más saludable que el hedonismo. Dios nos creó como seres sexuales, y nuestros deseos son normales. Sin embargo, necesitamos canalizarlos productivamente, según las normas de Dios.

En una ocasión fui emocionalmente infiel a mi esposa, cuando aconsejaba a una mujer durante un largo período en mi anterior congregación. Pude haber destruido mi matrimonio. Pero Dios despertó mi atención y clarificó la seriedad de la situación. Fui dirigido inmediatamente a dejar esa amistad y evitar cualquier asesoramiento posterior con la mujer. Luego comenté todo a mi esposa, dando la cara a mi pecado, y juntos trabajamos para pasar esa crisis. Además llame a dos amigos de confianza y les pedé que me exijan ser responsable ante ellos de mis emociones. Necesitaba la ayuda de Dios, y la de esos hermanos. Cabe una palabra de precaución en este punto. No recomiendo que todo hombre confiese todos los detalles y pecados sexuales a su esposa. Esto puede ser más perjudicial que saludable. Puede traer alivio al hombre, pero poner una carga terrible e insoportable en su esposa.

Cualquier decisión sobre confesar pecados sexuales a nuestras esposas debe hacerse a la luz de estas preguntas:

• ¿Cómo me sentiría si ella me confesara estos pecados?
• ¿Hemos mostrado gracia el uno al otro en otras faltas menores?
• ¿Son genuinos mi arrepentimiento y mi humildad?
• ¿Estoy siguiendo el modelo bíblico de la verdadera confesión pidiendo perdón? («¿Me perdonarás?» Sé que no lo merezco, pero te pido que lo hagas).
• ¿Cuantos detalles necesito revelar para que mi confesión sea verdadera y que su perdón pueda ser total? (Los detalles son como punzar dolorosamente su mente).
• ¿Es el tiempo apropiado? ¿Nos hemos apresurado a escuchar y hablar sobre estos asuntos?

La experiencia con más de cien hombres me ha mostrado que cuando hay un verdadero arrepentimiento, y la gracia de Dios es parte de las vidas de ambos esposos, es más útil enfrentar la verdad juntos al pie de la cruz. Jesús nos puede perdonar y ayudar a perdonarnos el uno al otro.

• *No existe substituto de la responsabilidad personal ante otros hombres consagrados a Dios.* Al buscar la práctica de la pureza sexual, hacemos bien en recordar que el pecado es seductor, tanto para el creyente como para el que no lo es por igual. Necesitamos rodearnos de unos cuantos hombres que sean amigos íntimos y que deseen ardientemente seguir a Cristo. Entonces podemos aprender juntos, a ser responsables los unos ante los otros, de acuerdo con las normas de Dios, y a confesar nuestros pecados los unos a los otros. Los pecados secretos tienen mucho más poder, por lo general duran más que los que son reconocidos ante nuestros hermanos. Juntos podemos crecer en nuestro compromiso y práctica de la pureza.

• *Entienda la importancia de la pureza sexual para nuestros matrimonios, familias y herencia.* Nuestra fidelidad da fuerza a nuestras esposas. Sus más profundas necesidades incluyen cariño, comunicación, confianza, seguridad y garantía en nuestra responsabilidad como padres. Todo esto es dañado por la infidelidad sexual y emocional. Pero cuando fortalecemos a nuestras esposas mediante la fidelidad, fortalecemos su capacidad de darse a nosotros y a nuestros hijos. También fortalecemos a estos con nuestro ejemplo.

• *Entienda la importancia de la pureza sexual en nuestro testimonio cristiano.* Nada afecta más nuestra influencia que el fracaso sexual. Debemos trabajar para la pureza, no sólo por nuestro bienestar y gozo propios, sino también por la salud de la iglesia.

• *Entienda la importancia de la pureza sexual para nuestra propia satisfacción sexual dentro del matrimonio.* Cuando experimentamos intimidad sexual, de acuerdo con el plan de Dios, estamos unidos a la otra persona de una manera única. Los dos llegan a ser uno espiritual y emocionalmente cuando se convierten en «una sola carne». Por lo tanto, un hombre lleva a su lecho matrimonial a cada mujer con la que él alguna vez ha tenido relación. Cada una puede afectar su habilidad para amar de todo corazón a su esposa, y disfrutar de una intimidad única con ella. Nunca he conocido a un hombre que haya esperado hasta el matrimonio para tener intimidad sexual, y que luego se haya arrepentido de haber tomado esa decisión. Pero he conocido cientos que se han arrepentido de haber tenido relaciones sexuales premaritales.

Para el hombre viajero

He aquí algunas sugerencias prácticas para resolver el problema la soledad de la carretera, sin perder la pureza:

1. Decida *de antemano* no consumir pornografía. La mayor parte de equivocaciones se cometen cuando usted no ha resuelto evitar el ma-

terial antes de salir de casa. Cansado, solo y desconocido, es fácil caer en una lujuria destructiva.

2. Cuando sea posible, permanezca con amigos mientras viaja. Muchos hombres de negocios que viajan desarrollan a menudo amistades importantes en otras ciudades. Si usted está alrededor de otros, estará menos propenso a caer en tentación.

3. Cuando se quede en un hotel, pida que todas las películas pornográficas por la televisión en su habitación. Si toma esta decisión, desde que llega al hotel, la tentación será mucho menor tentación (es muy difícil volver a llamar al recepcionista y pedirle que permitan la transmisión de tales películas a su habitación). Además, deberá presentar una palabra de protesta firme y cortés en cada hotel que utilice esas películas. Esto lo fortalecerá, y si suficientes hombres lo hicieran, puede ser que los hoteles dejaran de mostrarlas.

4. Escoja cosas específicas que quiera ver y hacer antes de pasar la noche en el hotel. Una llamada a casa es muy valiosa. Si desarrolla un plan y llena su tiempo de manera productiva, thabrá menos posibilidad de tentación.

5. Habitúese a leer la Biblia antes de prender la televisión. He aquí algunos pasajes a usarse: Salmos 101:2–4; Romanos 12:21; 1ª Corintios 6:18–20; Efesios 6:10–17; Santiago 4:17.

El resto de la historia de John

Presenté a John al comienzo de este capítulo. Ahora permítame contarle el resto de su historia.

Cuando su segunda esposa pidió el divorcio, él finalmente comenzó a encarar las consecuencias ruinosas de la pornografía en su vida. Aceptar que tenía un problema era lo primero, lo más importante y el paso más difícil. Luego John consagró su vida a Cristo, sabiendo que no podía solucionar el problema por su propia cuenta. Posteriormente, puesto que no podía llegar por sí mismo a discutir su adicción en un grupo, fue a conversar con su pastor. Después de confesar su pecado y dolor, le pidió que él lo orientara y se encargara de exigirle ser responsable ante él de sus acciones. El pastor estuvo de acuerdo, y John comenzó así a transitar por el camino de la recuperación.

La esposa de John, viendo este valor en confrontar finalmente su problema, retiró la demanda de divorcio.

Ahora son ya trece años desde que John entregó su vida a Dios en una manera más comprometida y seria. Se mantiene en estrecho contacto con otros hombres cristianos que lo animan y le mantienen responsable ante ellos. Liberado de la pornografía, todos estos años ha visto florecer todas sus relaciones.

A veces uno se ve en el apuro de diferenciar entre la conducta sexual de los hombres cristianos y la de los no creyentes. Como un Cumplidor de Promesas, tiene la oportunidad de bendecir a su propia esposa, la vida de su familia y el testimonio de la iglesia, demostrando que hay una manera mejor de vivir. Nuestra cultura está madura para un cambio, mientras se enfrenta con la ruina, soledad y devastación dejada por la revolución sexual. Comprométase ahora a estar entre aquellos hombres que serán líderes en el camino hacia la renovación.

El hombre y su integridad

Evaluación personal

Lea cada una de las siguientes afirmaciones, y califíquese en una escala del 1 al 10. El 1 significa «estoy totalmente en desacuerdo», y el 10 «estoy totalmente de acuerdo».

1. Me considero un hombre espiritualmente puro, de acuerdo con el modelo de Job_____
2. Sé dónde está mi línea –es decir, dónde estoy moralmente en peligro– y estoy diez pasos detrás de esa línea_____
3. Mi afecto por Cristo está bien protegido_____
4. Mi mente está bien controlada_____
5. Mis ojos no vagarán hacia donde no deben ir_____
6. Soy fiel para hacer lo correcto aun con «las pequeñas cosas"_____
7. En lo referente a pureza sexual, esa área de mi vida se encuentra totalmente bajo control_____

Mire ahora toda la lista y seleccione lo que tenga la calificación más baja. ¿Qué haría usted esta semana para subir la calificación lo más cerca posible a diez?

Evaluación en grupo

1. Describa brevemente su reacción mientras leía los capítulos sobre esta promesa (ejemplo: frustrado, intelectualmente de acuerdo, convencido, animado, etc.), y por qué se sintió de esa manera (cada miembro deberá hacerlo).
2. Complete las siguientes frases:
Cuando era muchacho, pensaba que ser santo significaba... A la luz de estos tres últimos capítulos; ahora pienso que significa...
3. Cuando pienso en un hombre de integridad, pienso en... Explique por qué.
4. Dedique un tiempo para hablar sobre una área de tentación frustrante para usted (recuerde que la tentación en sí misma no es pecado, y que todos somos tentados).
5. Complete esta frase:
Cuando Gary Oliver hablaba sobre estar muy cerca de la línea, yo pensé en... ¿Qué puede hacer usted que le ayude a retroceder varios pasos detrás de esa línea?
6. Revise las sugerencias al final del capítulo de Jerry Kirk acerca de la

pureza sexual, dándose cuenta de que esto puede o no ser un área a la que su grupo esté susceptible a abrirse; al menos, hable sobre esas ideas. ¿Son ellas razonables y factibles? ¿Quiere compartir acerca de esta área con este grupo, la próxima vez que viaje?

7. Santiago 5:13,15 dice: «¿Está alguno entre vosotros afligido? Haga oración... Si hubiere cometido pecados, le serán perdonados». Si alguien siente que le ayudará el confesar un pecado pasado, podrá hacerlo así ante el grupo, y éste orará por él.

Cierre con una oración de parte de cada miembro presente del grupo, usando tal vez la información proporcionada en respuesta de las preguntas números cuatro y cinco.

Versículo para memorizar: «Porque no tenemos un sumo sacerdote que no pueda compadecerse de nuestras debilidades, sino uno que fue tentado en todo según nuestra semejanza, pero sin pecado. Acerquémonos, pues, confiadamente al trono de la gracia, para alcanzar misericordia y hallar gracia para el oportuno socorro» (Hebreos 4:15–16).

Tarea para la semana

1. De la evaluación personal anterior, realice con toda fidelidad la actividad que identificó como la que le ayudará a subir la calificación de su área más baja, lo más cerca posible a diez.

2. Lea la promesa cuatro: «El hombre y su familia», antes de la próxima reunión.

PROMESA 4

El hombre
y su familia

Un Cumplidor de Promesas está comprometido
a construir matrimonios y familias
sólidos mediante el amor, la protección
y los valores bíblicos.

Promesa 4

Introducción

En las últimas etapas de su vida el hombre refleja a menudo cómo ha vivido, y como ya se ha dicho, pocos hombres expresan remordimiento alguna vez porque no ganaron más dinero o no trabajaron más en la oficina. Pero muchos de ellos amargamente afirman que debieron haber prestado más atención a sus familias, que debieron haber empleado un poco más de tiempo en el matrimonio, unas cuantas horas con sus hijos durante sus años de formación, y tal vez las cosas que hubieran podido resultar mejor.

Usted no necesita experimentar tal remordimiento. Un compromiso ahora de dar a su familia la prioridad justa puede hacer un mundo de diferencia en los años por venir. Nadie sabrá nunca si usted pudo trabajar unas horas más o ganar unos dólares más. Pero a su esposa y a sus hijos les importa mucho si usted los descuida.

Dos hombres comparten una pasión para ayudar a los hombres a hacer algo por sus familias *ahora*. Gary Smalley es reconocido por sus principios fáciles de entender acerca de la armonía familiar. Como presidente de Today's Family (La familia de hoy) el habla, escribe, y enseña alrededor del mundo, ayudando al buen funcionamiento de las familias, como Dios quiso. En este capítulo revelará cinco secretos probados por el tiempo que pueden revitalizar su matrimonio.

Después, el doctor James Dobson presenta razones convincentes de la importancia de la paternidad, incluyendo la prioridad fundamental. El doctor Dobson es un notable sicólogo y autor de libros catalogados como éxitos de librería. También es escuchado diariamente en el programa radial «Enfoque a la Familia». Su capítulo es un extracto de su libro *Straight Talk* (Hablemos con franqueza).

Cinco secretos
de un matrimonio feliz

Por Gary Smalley

Si pudiera comunicar sólo un mensaje a los hombres, el contenido de este capítulo sería ese mensaje.

A medida que he viajado por el mundo ministrando a las familias, he notado cinco cosas demostradas siempre entre las parejas con familias y matrimonios saludables y sólidos. Mientras comento acerca de mis amigos los Brawners, vea si usted puede identificar esos cinco elementos en el hogar de ellos.

Los Brawners son una familia normal –de ninguna manera perfecta. Han tenido sus puntos fuertes y débiles. Pero si yo supiera que usted vive con su esposa e hijos de la manera como el señor Brawner lo hace, estaría muy animado en cuanto a la dirección de nuestro mundo.

Jim y Suzette Brawner viven en un pequeño pueblo de Missouri y tienen tres hijos: Jason, de diecinueve años, campeón nacional de natación y alumno de primer año en la universidad; Travis, de diecisiete años, es un destacado atleta en tres deportes en la escuela secundaria; y Jill, su hermosa y talentosa hija de trece años. Jim y Suzett tienen poco más de cuarenta años. Jim vino de un hogar con elementos disfuncionales. Se dio cuenta de que sus antecedentes familiares podía llevarlo a tener una conducta poco saludable en su matrimonio, e hizo algo al respecto. Se esforzó mucho para construir un sólido matrimonio y para criar con Suzett tres hijos emocionalmente saludables. Hace poco tiempo Jason vino a casa después del primer período universitario. Estaba extrañamente nervioso porque, como parte de su iniciación en el equipo de natación, lo habían obligado a usar un arete. Ninguno de los hombres de su familia habían usado aretes jamás. Y nadie lo hacía entre el círculo de sus amigos. Sintió que el techo se le venía encima cuando sus padres lo vieron. Se encontró con su madre en la entrada del garaje. Ella estaba tan emocionada de verlo que le dio un gran beso antes de notar el arete de su hijo. Luego, al verlo, sonrió:

—¡Que tremenda broma! –exclamó. —¿Es alguna de esas calcomanías que se pegan a la piel?

—No, Mamá, este es real —contestó Jason. —Tuve que agujerearme la oreja. Todo el mundo en el equipo de natación tiene un arete, yo era el único que no lo tenía, así que tuve que ponérmelo.

Suzette se puso nerviosa, no porque ella estuviera disgustada con su hijo, sino porque temía la reacción de esposo al llegar a casa. Después de llevar la ropa sucia de Jason al cuarto de lavado y dar algo de beber al muchacho, llamó a dos amigos. Entonces, mientras Jim aún estaba en su trabajo, fue a casa de uno de estos amigos para pedir consejo acerca de cómo manejar la situación.

Tanto Jason como su madre estaban nerviosos cuando Jim llegó a casa.

Tan pronto entró por la puerta, Jason dijo:

—Hola, papá, estaré en casa durante el fin de semana.

Jim abrazó inmediatamente a su hijo –por el lado opuesto al arete–, luego dijo:

—Bien. ¿Cómo te va en la universidad?

No había notado nada, y Jason esperaba la explosión. Finalmente, papá lo vio.

—¡Eh!, ¿que es esto? —dijo.

Jason pensó: *¡Oh, no! ¡Va a arrancarme el arete de la oreja.!*

Suzette, con toda amabilidad sugirió:

—Ahora no reaccionemos de forma exagerada.

Pero Jim no reaccionó a fin de cuentas. Con toda calma y sensibilidad, preguntó:

—¿Qué pasa?

Jason contestó:

—Papá, todo el mundo en el equipo de natación tiene un arete. Yo sabía que eso te disgustaría; pero, papá, yo era el único del equipo que no lo usaba. Mis compañeros de los cursos superiores dijeron: «O te lo pones, o tú sabes…». Estoy en un problema.

—Si quieres usar el arete, eso es asunto tuyo —respondió Jim. —No es asunto mío. Sólo Dios sabe cuánto te quiero. Personalmente no usaría un arete, pero entiendo la presión que soportas.

Suzette se calmó inmediatamente.

—Pensé que te ibas a enojar —le dijo a Jim.

—No, necesitamos apoyar a nuestro hijo. En verdad me gustaría hacer algo, pero no encuentro nada que pudiera ayudar.

Mientras estaban en medio de esa conversación, aparecimos mi esposa Norma y yo. Nosotros somos parte del grupo de apoyo de los Brawner. Junto con otras tres parejas nos reunimos semanalmente en un pequeño grupo, además hacemos vida social con ellos y oramos unos por otros. Los Brawner saben todo lo que pasa en nuestra familia, así como nosotros sabemos todo lo que pasa en la suya.

Mi esposa dio a Jason un gran abrazo y le dijo:

—Ese arete se te ve muy bien.

En seguida, yo también lo abracé y pregunté:

—¿Cómo está el clima en casa ahora?

El sonrió con turbación y dijo:

—Más o menos bien.

Entonces, ¿por qué darle tanta importancia a este ordinario conflicto familiar? Lo que los Brawner hicieron es lo que deseo que millones de familias hagan. Aunque el incidente pueda parecer pequeño, contenía todas las cinco cualidades que son extremadamente importantes en las relaciones familiares.

Cinco cualidades de las parejas saludables

En muchos aspectos, este fue un típico conflicto familiar. Lo que no fue típico fue la forma en que los Brawner lo manejaron. ¿Ha captado las cinco cosas que Jim y Suzette hicieron en su relación familiar? No son inmediatamente obvias, pero todas estuvieron en el incidente y definitivamente funcionaron.

- Tuvieron expectativas definidas.
- Entendieron y practicaron una comunicación significativa.
- Estuvieron involucrados en un pequeño grupo de apoyo.
- Reconocieron sus heridas personales y emocionales y aprendieron cómo compensarlas.
- Dependieron del Señor Jesucristo para dar calidad a sus vidas.

En cualquier familia, las crisis son algo con lo que se puede contar. Las crisis pueden ser las pobres calificaciones de un hijo, o el rompimiento de una relación amistosa. Puede ser la desilusión por no ser parte de un equipo atlético. Pudiera ser un acontecimiento muy importante, tal como una larga enfermedad o un cambio de trabajo que obligue a la familia a mudarse al otro lado del país. Cualquiera que sea el motivo de la crisis, esas cinco cosas que los Brawner tienen, mantendrán a la familia unida y aumentarán grandemente las posibilidades de que el matrimonio tenga éxito.

Veremos más de cerca a cada uno de estos cinco elementos, y veremos cómo podemos llevarlos a nuestros propios matrimonios y familias.

1. Las parejas saludables tienen un menú claramente definido de expectativas.

Cuando usted va a un restaurante, observa el menú y espera poder ordenar algo que quiere de él. Los dueños del restaurante saben que si proveen buen servicio y comida, usted volverá.

Lo mismo es cierto en un hogar de éxito. Cuando una familia se pone de acuerdo, preferiblemente por escrito en un menú de opciones de calidad de vida y relaciones, disfrutarán de una familia saludable y triunfadora. He aquí una muestra de asuntos que podría considerar para colocar en su menú:

Honre a sus seres queridos. Honrar significa «valorar en mucho». Es la decisión que tomamos de que alguien tiene un gran valor. De esa decisión y del poder de Dios viene la capacidad de amar genuinamente a otros.

Puede determinar que cada miembro de su familia es altamente valioso y que debe ser honrado. Puede hacerlo, honrando primero a Dios, y luego desarrollando seguridad en su esposa e hijos al alabarlos verbalmente y protegerlos.

Un plan para enfrentarse con el enojo sin resolver. La Biblia nos exhorta a no dejar que el sol se ponga sobre nuestro enojo (lea Efesios 4:26). Cada familia necesita un proceso saludable para resolver y apagar el enojo. Jim y Suzette pudieron haber dejado que su enojo explotara cuando vieron a Jason usando un arete. En vez de eso, trataron constructivamente con sus emociones y honraron a su hijo.

Actividades que fortalezcan los lazos emocionales. No es suficiente que ustedes se sienten en casa y hablen todos los días. Necesitan hacer cosas en familia fuera de su casa que les mantengan juntos.

Muchas otras áreas pueden ser cubiertas en el menú de su familia. Deberían ser aprobadas en períodos de calma, estando todos juntos. Algunos recursos que puede encontrar al final del libro le ayudarán a desarrollar su menú.

2. Las familias saludables entienden y practican una comunicación significativa.

Imagínese a usted mismo manejando hacia la ventanilla de un restaurante de comida rápida. Primero, después de leer el menú, habla al micrófono:

—Quisiera dos hamburguesas, dos porciones de papas fritas, una porción de aros de cebolla, dos cocas.

Después de un momento, oye decir a través del altavoz:

—¿Dijo usted una hamburguesa, una hamburguesa con queso, dos porciones de papas fritas, una de aros de cebolla y dos cocas?

Usted aclara:

—No dije eso. Dije: *dos* hamburguesas, dos porciones de papas fritas, una de aros de cebolla, y dos cocas.

De una manera similar, recomiendo que las parejas practiquen el «manejar mientras se habla». Tomen tiempo para repetirse el uno al otro lo que cada uno piensa que oyó decir a su cónyuge o a sus hijos. Esto es muy honroso y significativo.

Dentro de la comunicación matrimonial y familiar es importante recordar que está siempre tratando de moverse hacia el nivel más profundo de intimidad. Las familias saludables están conectadas emocional, espiritual, sicologica y físicamente. Sus integrantes experimentan dos grandes sentimientos: se sienten conectados, y se sienten seguros en esa conexión –de que pueden decir cosas y sentir que no van a ser rechazados o avergonzados.

Los expertos han identificado cinco niveles de comunicación, y las familias saludables funcionan en ellos.

El nivel más bajo es cuando usted usa frases superficiales como: «Hola», «¿Cómo estás?» «¿Tuviste un buen día?» «¿Está todo bien?» Las frases estereotipadas son frasecitas con un pequeño significado. Son hermosamente seguras. Puede decirlas y saber que no se va a meter en problemas.

El segundo nivel de comunicación es cuando relata acontecimientos: «¿Leíste en el periódico de hoy?» «Parece que va a llover mañana». «Parece que el equipo de fútbol no va a ser bueno este año» .

El tercer nivel de comunicación es de mayor riesgo; muchas parejas, especialmente cuando comienzan, tienen temor de entrar en él por los conflictos potenciales. Esta es la base de las opiniones: «Pienso que esto va a acontecer», «Creo que esta es la manera en que deben ser las cosas», o: «Debemos salir una noche a la semana».

En el momento en que usted presenta opiniones, aumenta la posibilidad de conflicto. Ese es un buen momento para usar una «conversación mientras se maneja» y repetir lo que piensa que oye de su cónyuge, diciéndolo hasta que logra claridad y entendimiento. Recuerde que ese conflicto con su cónyuge e hijos es saludable y normal. Lo que no es saludable es desviarse y no hablar, o peor aun, reaccionar, enojarse y desahogarse el uno con el otro. Pero, manejados apropiadamente, los conflictos son como puertas que se abren para profundizar la intimidad. Son los que abren las dos últimas áreas de comunicación.

El cuarto nivel es expresar y entender los sentimientos del otro. Esto puede ocurrir mejor cuando usted se siente seguro.

No hace mucho tiempo, Norma y yo fuimos a un paseo de algunos días con los Brawner. En la salida del garaje, antes de salir, Suzette dijo a Jim:

—Me siento muy nerviosa de dejar sola a Travis (de diecisiete años de edad) la primer semana de entrenamiento diario de fútbol. ¿Quien va a prepararle el desayuno a las seis de la mañana? ¿Quién va a tener listos sus emparedados? Me siento muy incómoda. ¿No sentirá que lo hemos abandonado?

Suzette se sintió libre de expresar esos sentimientos. Pero esa apertura puede ser destrozada cuando no somos sensibles. Sin pensar, Jim dijo:

—Vamos, Suzette, ¿no te vas a tranquilizar? Tenemos que ir de vacaciones de vez en cuando. Deja que los muchachos crezcan.

Entonces se dio cuenta de lo que estaba haciendo y dejó de atacar los sentimientos de su esposa. La abrazó, y le dijo:

—Veo que realmente estás sufriendo, y eso está bien, ¿debemos cancelar el viaje?

—No, quiero ir. Sólo que es difícil —dijo ella.

Nosotros los hombres tenemos que entender que en los hogares saludables, cada uno se siente libre de expresar sus sentimientos sin temor a oír «¡Eso es estúpido!» «Sólo un idiota podría sentir eso», o «¿Por qué no creces?» Tal vez los sentimientos son inmaduros, pero son reales. Analizar no es nuestra función; nuestro deber *es* amar, valorar y entender a nuestros cónyuges e hijos.

El quinto y más profundo nivel de comunicación es cuando nos sentimos seguros al revelar nuestras necesidades. Puedo decir: «Necesito un abrazo». Puedo decir: «Necesito tomar y besar a mi esposa y tener intimidad sexual». O ella puede decir que tiene que ir de compras y pedirme que vaya con ella.

Norma y yo estuvimos recientemente hablando mientras nos preparábamos para viajar a Colorado, a hablar en una conferencia de médicos.

Ella había oído que iba a haber una comida del estilo del Oeste el viernes por la noche, así que se había comprado ropa para la ocasión. La trajo a casa y dijo:

—Necesito que mires lo que compré. ¿Qué piensas?

En el pasado podría haber dicho: «Por favor, querida, estoy ocupado. ¿Puedo verla más tarde?», o le hubiera dado una mirada fugaz y dicho: «¿Qué importa? ¡Póntela si quieres!»

Pero había aprendido que tales palabras eran deshonrosas. Así que miré a mi esposa y dije algo así como:

—¡Me encanta! Creo que te hace lucir más joven —la mayoría de los hombres saben por experiencia que eso es algo que las mujeres quieren oír.

Entonces ella dijo:

—No tengo una chaqueta que haga juego. Pero ví una en el centro comercial, que es realmente que quiero. Necesito que vayas conmigo, la mires y me digas qué piensas.

Norma no siempre se había sentido libre de expresarme sus necesidades. Yo solía ser muy crítico, controlador de todo, rígido y dispuesto siempre a dar sermones. Todavía dura el daño que causé en los primeros años de nuestro matrimonio. Pero quiero que ella sienta cada vez más segura, porque yo sé que de esa manera incrementamos profundamente nuestra intimidad.

3. Las parejas saludables están asociadas con pequeños y saludables grupos de apoyo.

Sugiero que usted y su esposa se reúnan regularmente con otras tres parejas –o cuatro cuando mucho. Busque parejas que tengan la misma dedicación que ustedes tienen a Dios y a sus matrimonios. En un grupo saludable, cada persona siente la libertad, la seguridad, el amor y la responsabilidad de pensar en voz alta. En efecto, los miembros del grupo quieren que piense, razone y trate de resolver asuntos importantes.

Un grupo efectivo de apoyo se construye en base a una profunda amistad. Los miembros se dan el uno al otro afecto y abrazos cuando lo necesitan. Hacen cosas juntos, como ir al campo o a comer. Pero también tienen un propósito definido de reunirse semanalmente, ya sea para estudiar un libro acerca del matrimonio, o discutir formas de mejorar sus habilidades como padres. Cualquiera que sea el propósito, debe ser específico si el grupo va a permanecer en dirección correcta. La reunión semanal no es una reunión de chismografía. No es un momento para criticar al pastor o a otros miembros de la iglesia. Y en definitiva no es un momento para olvidar a su cónyuge. Allí debe haber libertad para sentir, pensar y discutir sus sentimientos y necesidades los unos con los otros.

¿Por qué son tan importantes los grupos de apoyo? Primero, le dan el poder para que haga los cambios que todos tenemos que hacer para permanecer saludables. Hay una dinámica donde usted experimenta en verdad la energía de otra persona felicitándolo y diciéndole cosas como «Podemos hacer esto juntos». «Sé que tienes problemas, pero ya todo mejorará», y las más importantes de todas las palabras: «Te queremos».

Segundo, usted adquiere tremendo poder de responsabilidad en su propósito de reunirse, sabiendo que una vez por semana va a preguntar a otros, «¿Cómo te va?» Usted sabe que va a ser sincero, de manera que cuando dice que no está bien, alguien le preguntará: «¿Qué estás haciendo para solucionar eso? ¿Qué pasos estás tomando para que mejore?»

Tercero, si usted viene de un hogar conflictivo, un grupo bueno y pequeño le brinda la oportunidad de experimentar otra vez la sensación de tener padres. Logra ver cómo las parejas interactúan de manera saludable. Eso nos conduce a la siguiente área de una vida familiar fortalecida.

4. Las parejas saludables se dan cuenta de que la conducta ofensiva o no saludable se origina en su herencia.

La Biblia dice que los pecados de un padre tendrán consecuencias en los hijos hasta la cuarta generación. Así que algunas de las cosas que hago ahora a mi esposa e hijos podrían estar relacionadas directamente con mi bisabuelo, su conducta y manera ofensivas hacia mi abuelo, luego hacia mi padre, y así en línea hasta mí. Ahora, eso no significa que voy a culpar a mi bisabuelo, a mi abuelo o a mi padre. Pero ayuda a *entender* quien soy, para poder tomar ciento por ciento de responsabilidad ahora por mi vida, y hacer lo que sea necesario para formar una nueva generación que sea bendecida por Dios.

Lo que necesita es mirar su vida y preguntar: «¿Vengo de un medio nocivo?» Podría calificar a sus padres en una escala de cero (si nunca lo hicieron) a diez (si lo hicieron todo el tiempo) en las áreas que hay a continuación:

_____ Eran dictadores demandando obediencia

_____ Eran rígidos, exigentes, con reglas estrictas, valores, creencias y
      expectativas

_____ Eran críticos, personas que juzgaban con duros castigos

_____ Eran obstinados en no hablar de ciertos temas como las relaciones sexuales, la religión, la política y los sentimientos

_____ Eran muy pobres oyentes de mis sentimientos y pensamientos

_____Usaban adjetivos degradantes como «estúpido» «ocioso» o «bueno para nada»

Mientras más alta sea la puntuación, mayores serán las posibilidades de que hayan relaciones anormales en su hogar. Basado en su puntuación, puede necesitar ayuda específica de un consejero para analizar de qué clase de familia proviene y desarrollar un plan para restaurarlo.

A diferencia de muchas parejas, Jim y Suzette Brawner entendieron las familias de las que pocedían, y los puntos fuertes y débiles que heredaron. Lucharon en su matrimonio hasta que Jim logró encontrar ayuda. Ahora él está a cargo del ministerio de un pequeño grupo llamado «Hogares de amor», y a través de él entrena a las parejas para que superen los errores que cometieron en el pasado y que ganen el apoyo para los cambios que deseen.

5. Las parejas saludables tienen una sólida relación con Jesucristo.
Norma y yo, Jim y Suzett, y muchas otras parejas hemos entrado en una relación con Jesucristo, en la cual dependemos de El como nuestra fuente principal de vida abundante. Esa vida incluye amor, paz, gozo, paciencia, benignidad y dominio propio. El Espíritu Santo nos da el espíritu de plenitud o contentamiento, de manera que no tenemos que luchar en buscar a nadie más para satisfacer nuestras necesidades en ese sentido.

El apóstol Pablo escribió: «Mi Dios, pues, suplirá todo lo que os falta, conforme a sus riquezas en gloria en Cristo Jesús» (Filipenses 4:19). También escribió que podemos conocer el amor de Dios que «excede a todo conocimiento, para que [seamos] llenos de toda la plenitud de Dios» (Efesios 3:19).

Una y otra vez, la Biblia habla de cómo Jesús es nuestra vida y que no debemos tener otros dioses, ni buscar nada más como la fuente de la vida. Todo lo demás —esposas, hijos, vehículos, hogares, trabajos— no le agrega nada a la relación que tenemos con El. Cuando El penetra en nuestra relación como esposos, experimentamos lo que la Biblia llama un espíritu tranquilo o en paz. Estamos tranquilos porque sabemos que Jesús filtra todo lo que viene a nuestras vidas. Además puede tomar cualquier prueba que experimentemos y, como dijo en Isaías 61:3, cambiar el luto en alegría. Nuestros hijos se inclinarán a tomar de ese mismo espíritu y seguirán nuestras huellas todo el tiempo que no estén enojados con nosotros.

¿Tiene usted un hogar como el de Jim y Suzette, en el que hay un claro menú abierto de expectativas y comunicación, y que se profundiza en los cinco niveles hacia la intimidad? ¿Reconoce problemas de su infancia, y tiene un grupo de apoyo para que le ayude a crecer como pareja? Y final-mente, ¿reconoce a Jesucristo –no a su esposa, familia, trabajo, o algo más–, como la fuente de la vida?

Le sugiero que, en compañía de su esposa, califique su matrimonio en cada una de esas cinco áreas en una escala de cero a diez. Escoja luego una de esas cinco áreas y hable de cómo podría llevarla lo más cerca posible de diez. Eso lo colocará en el camino hacia un matrimonio más saludable y gratificador.

La prioridad de la paternidad

Por el doctor James C. Dobson

Caminaba en dirección a mi automóvil, al salir de un centro comercial hace unas pocas semanas, cuando escuché un fuerte e impresionante alarido.

—¡Augghh! —gimió una voz masculina.

Pude ver a un hombre a unos quince o veinte metros de distancia de donde me encontraba, quien estaba en gran dolor (y por una muy buena razón). Sus dedos estaban atrapados en el borde de la puerta de su automóvil que había sido cerrada inesperadamente con mucha fuerza. Luego se desarrolló el resto de la historia. Agachado en el asiento delantero había un muchachito travieso de tres años que aparentemente había decidido «cerrarle la puerta a papi».

El padre le señalaba con la mano libre los dedos atrapados, y decía:

—¡Oh, por favor! ¡Abre la puerta, Chuckie! ¡Tengo los dedos atrapados...! Apúrate... Chuckie... por favor... abre... ¡ABREEE!

Finalmente Chuckie entendió el mensaje y abrió la puerta, dejando libres los dedos amoratados de su papá. El padre, entonces, comenzó a saltar por todo el estacionamiento besando alternativamente la mano, frotándola, sacudiéndola. Chuckie permanecía inmóvil, sentado en el asiento delantero del automóvil, esperando que su papá se tranquilizara.

Sé que este accidente fue doloroso para el hombre que lo experimentó, pero debo admitir que me hizo mucha gracia. Me imaginé que sus súplicas simbolizaban el enorme costo de ser padre. Y sí, es muy costoso criar muchachos y muchachas hoy día. Los padres dan a sus hijos lo mejor que tienen, quienes a menudo responden cerrando violentamente la puerta y atrapando «los dedos» del padre —especialmente durante los ingratos años de la adolescencia. Tal vez por eso alguien dijo, «la locura es una enfermedad hereditaria. Quítela de sus muchachos».

Sin querer echarle toda la culpa a mis lectores masculinos, debo decir que muchos padres sólo «duermen» en sus hogares. Y como resultado, han renunciado completamente sus responsabilidades de dirigir e influir en la vida de sus hijos. Cité un estudio en mi libro *Lo que las esposas desean que los maridos sepan sobre las mujeres* que documentaba el problema de los padres inaccesibles. Permítame citar algo de ese estudio.

«Un artículo de *Scientific American* titulado "The Origins of Alienetion" (Los orígenes de la alienación) por Urie Bronfenbrenner describe mejor los problemas que enfrentan las familias de hoy día. El doctor Bronfenbrenner es actualmente, en mi opinión, la más importante autoridad en el desarrollo de los niños en Estados Unidos, y sus puntos de vista deben ser considerados cuidadosamente. En este artículo, trataba la condición de deterioro de la familia norteamericana y las fuerzas que están debilitando su cohesión. Más específicamente, él está preocupado por las circunstancias que están carcomiendo seriamente el amor de los padres y privando a los hijos del liderazgo y el amor que debe existir para que sobrevivan.

»Una de esas circunstancias es ampliamente conocida como "rat race" (*carrera de ratas*, lucha incesante por poder y promoción) El doctor Bronfenbrenner describió el problema de esta manera: "Las exigencias de trabajo que reclaman los momentos de la comida, las noches y los fines de semana, tanto como los días; los viajes y las mudanzas necesarias para salir adelante, o simplemente para mantener lo que se tiene; es cada vez más creciente el tiempo empleado en viajar todos los días de la casa al trabajo, en las diversiones, en salir, en reuniones sociales y compromisos comunitarios... Todo esto produce una situación en la cual un niño pasa a menudo más tiempo con una niñera que con sus padres participando de su vida".

»De acuerdo con doctor Bronfenbrenner, esta "carrera de ratas" es particularmente incompatible con las responsabilidades paternales, como ilustró una investigación en la década de los setenta que dejó resultados alarmantes. Un equipo de investigadores quería saber cuánto tiempo pasaban los padres de clase media jugando y manteniendo contacto con sus hijos pequeños. Primero pidieron a un grupo de padres que calcularan el tiempo que pasaban con sus hijos de un año de edad, y su respuesta fue de quince a veinte minutos diarios. Para verificar estas declaraciones, los investigadores pusieron micrófonos diminutos en las camisas de los niños con el propósito de grabar la verdadera comunicación verbal de sus padres con ellos. Los resultados de este estudio fueron sorprendentes. ¡El promedio de tiempo que estos padres de clase media pasaron con sus hijos fue de treinta y siete segundos por día! ¡Su contacto directo se limitó a 2.7 encuentros diarios, que duraban de diez a quince segundos cada uno! Eso representaba la contribución de los padres de millones de niños norteamericanos en la década de los setenta. Y creo que los descubrimientos serían hoy día más deprimentes.» (*What Wifes Wish their Husbands Knew About Women*, Wheaton, Ill.: Tyndale,1975, pp. 157-158).

Comparemos los treinta y siete segundos de intercambio entre padres y niños pequeños con otra estadística. El promedio de tiempo que los niños de edad preescolar miran televisión es de treinta y cincuenta horas semanales (las cifras varían de un estudio a otro). ¡Qué increíble cuadro nos pintan estas dos estadísticas! ¡Durante los años de formación de la vida, cuando los niños son más vulnerables a sus experiencias, están recibiendo de parte de sus padres treinta y siete segundos diarios, y treinta o más horas a la semana de televisión comercial! ¿Necesitamos preguntarnos de dónde están nuestros hijos recibiendo sus valores?

Alguien observó «Los valores no son *enseñados* a nuestros hijos; son *captados* por ellos» Es verdad, rara vez podemos lograr que Juanito o María se sienten tranquilamente en una silla mientras les hablamos acerca de Dios y otros asuntos importantes de la vida. En lugar de eso, ellos están equipados con «motores» internos, que no pueden parar. Sus palancas de cambios tienen sólo seis velocidades: correr, saltar, trepar, arrastrarse, deslizarse, y zambullirse. Los chicos y chicas simplemente no poseen las conexiones para mantener conversaciones tranquilas sobre tópicos de importancia.

¿Cómo, entonces, los padres conscientes transmiten sus actitudes, valores y fe a sus hijos? Esto se hace *sutilmente* durante la rutina de las acciones del vivir diario (lea Deuteronomio 6:4-9). Vivimos esta experiencia en nuestro mismo hogar, cuando Danae tenía diez años y Ryan cinco. Estábamos en el automóvil, cuando pasamos frente a un teatro pornográfico. Creo que el nombre de la película que se presentaba era «Piel caliente» o algo así. Danae estaba en el asiento delantero y señalando al teatro dijo:

—Esa es una película sucia, ¿verdad papá?

Yo moví la cabeza afirmativamente.

—¿Es lo que llaman una película calificada X? —Preguntó ella.

Nuevamente, indiqué que estaba en lo correcto.

Danae pensó por un momento, y luego dijo:

—Las películas sucias son en verdad malas, ¿no es así?

Le respondí:

—Sí, Danae, las películas sucias son muy malas.

Toda esta conversación duró menos de un minuto, y consistió de tres preguntas y tres respuestas breves. Ryan, quien se encontraba en el asiento trasero no participó de nuestra discusión. En realidad, yo me preguntaba que pensaría él acerca del intercambio de opiniones; concluí que probablemente no estaba escuchando.

Estaba equivocado. Ryan oyó la conversación y aparentemente pensó en ello durante varios días. Pero Ryan no sabía qué era una «película sucia». ¿Cómo podía un niño de cinco años saber lo que sucede en tales sitios, puesto que nadie había hablado de pornografía con él? Sin embargo, él tenía su propia idea sobre el asunto. Ese concepto me fue revelado cuatro noches más tarde, al terminar un día.

Ryan y yo nos arrodillamos para orar antes de ir a la cama, y el niño de edad preescolar volvió espontáneamente a aquella conversación que escuchó a principios de la semana:

—Querido Señor —comenzó diciendo con toda seriedad. —Ayúdame a no ir a ver ninguna película sucia... donde se escupen el uno al otro».

Para Ryan, lo más sucio que podía imaginar era que los personajes se escupieran entre sí. La verdad, tuve que admitir que eso sí sería sucio.

Pero también tuve que reconocer cómo en forma *casual* los niños asimilan nuestros valores y actitudes. Como usted ve, no tenía manera de adelantar esa breve conversación en el automóvil. No fue mi intención deliberada comunicar a mis hijos mis puntos de vista sobre la pornografía. ¿Cómo aprendieron ellos esa mañana una dimensión más de mi sistema de valores? Ocurrió porque estábamos juntos...para conversar el uno con el otro. Esa clase de interacciones sutiles, no planeadas, cuentan mucho para la instrucción que pasa de una generación a la siguiente. Es una fuerza poderosa para moldear las vidas jóvenes *–si los padres están* ocasionalmente en el hogar con sus hijos, *si tienen la energía* para conversar con ellos, *si tienen algo valioso* que transmitir, *si ellos se preocupan*.

Mi punto de vista es que el estilo de vida norteamericano, que no permite ni siquiera respirar, resulta particularmente costoso para nuestros hijos. Sin embargo, 1.8 millones de jóvenes vienen al hogar, a una casa vacía, después de salir de la escuela, cada día. Se les llama los «muchachos de las llaves», puesto que llevan colgadas a sus cuellos las llaves de sus casas. No sólo son sus padres los que se encuentran cargados de compromisos y complicaciones, sino que ahora también sus madres buscan enérgicamente la realización en el mundo del trabajo. Así que, ¿quién está en casa con los muchachos? Comúnmente, la respuesta es *nadie*.

¿Ha sentido *usted* que los años han pasado, llevándose muchas promesas incumplidas a los muchachos? ¿Se ha oído a usted mismo diciendo:

> «Hijo, hemos estado hablando del camión que vamos a construir uno de estos sábados, y quiero que sepas que no lo he olvidado, pero no lo podremos hacer este fin de semana, puesto que tengo que ir en un viaje inesperado a Indianápolis. Sin embargo, lo haremos uno de estos días. No estoy seguro si lo podremos hacer el próximo fin de semana, pero no olvides recordármelo y algún momento trabajaremos juntos. También voy a llevarte a pescar. Me encanta pescar y conozco un pequeño arroyuelo que está lleno de truchas durante la primavera. Pero precisamente este mes es muy ocupado, tanto para mamá como para mí, así que sigamos planeando y antes que te des cuenta llegará el momento».

Los días llegan a ser semanas, y las semanas vuela y se hacen meses, años y décadas...y nuestros muchachos crecen y se van de casa. Entonces nos sentamos en el silencio de nuestras salas, tratando de volver a vivir las preciosas experiencias que dejamos escapar. Resuena en nuestros oídos esa habitual frase «vamos a divertirnos mucho...entonces...»

Oh, sé que estoy poniendo el dedo en la llaga con estas palabras, pero tal vez necesitamos ser confrontados con los valores importantes de la vida, aun cuando nos hagan sentir incómodos. Además, me siento *obligado* a hablar en nombre de millones de niños en todo este país, que están buscando padres ausentes. Los nombres de muchachos y muchachas específicas vienen a mi mente, simbolizando las masas de niños solitarios que experimentan la agonía de necesidades nunca satisfechas. Permítame contarle sobre dos o tres muchachos, cuyos caminos he cruzado.

Pienso primero en aquella madre que hace algunos años se me acercó después que yo había hablado en su iglesia. Ella había mantenido a su esposo durante su época de estudiante universitario en la escuela de medicina, sólo para que luego él le pidiera el divorcio para casarse con una aventurera más joven que ella.

Esa madre estuvo allí con lágrimas en los ojos, mientras describía el impacto en sus dos hijos por la partida de su esposo.

«Ellos extrañan a su padre todos los días. No entienden por qué no viene a verlos. El muchacho mayor, especialmente, quiere un padre tan apremiantemente, que se acerca a todo hombre que llega a nuestras vidas. ¿Qué puedo decirle? ¿Cómo puedo satisfacer las necesidades de un muchacho, de tener un padre que lo lleve de cacería y pesca y juegue al fútbol y a los bolos con él y con su hermano? Se me rompe el corazón viéndolo sufrir tanto.»

Dí a esta madre unas pocas sugerencias y le ofrecí mi comprensión y apoyo. La siguiente semana hablé en el último servicio de su iglesia. Después de esto, permanecí en la plataforma, mientras una fila de personas esperaban para despedirse y presentarme su saludo. Allí en la fila estaba la madre *con* sus dos hijos. Ellos me saludaron con sonrisas y le dila mano al mayor de ellos. Luego sucedió algo que no recordé sino hasta cuando estuve de regreso a Los Angeles. El chico no me soltó la mano, sino que la agarró fuertemente, impidiéndome saludar a los demás que me rodeaban. Para mi remordimiento, me dí cuenta más tarde que inconscientemente había agarrado su brazo con mi otra mano y me había así liberado de su apretón. Me senté en el avión, dándome cuenta de todas las implicaciones de todo ese incidente. Como usted puede ver, este muchacho me *necesitaba*. Necesitaba un hombre que pudiera tomar el lugar que su padre había abandonado. Y yo le había fallado como todos los demás. Ahora me he quedado con el recuerdo de un niño que me decía con sus ojos: «¿Podrías ser un padre para mí?»

Otra niña ha encontrado un lugar permanente en mi memoria, aun cuando nunca supe su nombre. Estaba esperando para tomar un avión en el Aeropuerto Internacional de Los Angeles, disfrutando de mi actividad favorita de «observar a la gente». Pero no estaba preparado para el drama que voy a relatar. Parado cerca de mí había un hombre de edad, que obviamente esperaba a alguien que debía haber estado en el avión que había llegado pocos minutos antes. El hombre examinaba cada rostro intensamente, mientras los pasajeros desfilaban a su lado. Me pareció que él estaba angustiado de una forma fuera de lo común, a medida que esperaba.

Entonces ví a la pequeña niña que estaba a su lado. Tendría como siete años, y también ella buscaba desesperadamente cierto rostro entre la multitud. Raramente he visto una niña más ansiosa que esta linda niñita. Ella se agarró del brazo del anciano, que supongo era su abuelo. Luego, cuando al final todos los pasajeros desfilaron uno a uno, la niña comenzó a llorar silenciosamente. Ella no estaba simplemente desilusionada en aquel momento, sino que su pequeño corazón estaba destrozado. El abuelo también parecía estar luchando para no derramar lágrimas. En realidad, estaba demasiado preocupado como para consolar a su nieta, quien luego enterró su rostro en la manga de su raído abrigo.

«¡Oh, Dios!» oré silenciosamente. «¿Qué agonía especial están experimentado ellos en esta hora? ¿Era la madre de la niña la que la había abandonado en ese doloroso día? ¿Era su padre, que prometió volver y luego se había arrepentido?»

Mi gran impulso fue el de abrazar a la niñita y protegerla de lo tremendo de aquella hora. Quería que ella derramara su dolor en la protección que mis brazos podían ofrecerle, pero temí que mi intromisión fuera malinterpretada. Así que observé sin poder hacer nada. Entonces el viejo y la niña permanecieron silenciosos mientras los pasajeros partían de otros dos aviones, pero la ansiedad en sus rostros se había ya convertido en desesperación. Finalmente caminaron lentamente por la terminal hacia la puerta de salida. El único sonido que se escuchaba era el esfuerzo que la niña hacía para contener sus lágrimas.

¿Dónde está esta niña ahora? Sólo Dios lo sabe.

Si el lector me soporta, debo presentarle a otro niño cuya experiencia familiar ha llegado a ser tan común en el mundo occidental. Estaba esperando en el Schawnee Mission Hospital a que me dijeran algo acerca de la condición cardíaca de mi padre, después que había sufrido un ataque en septiembre. Allí en la sala de espera había una revista *American Girl* que llamó mi atención (debo haber estado desesperado por algo para leer, para que me haya atraído la revista *American Girl*.

Abrí la cubierta e inmediatamente ví una composición escrita por una niña de catorce años llamada Vicki Kraushaar. Ella había remitido su historia para que fuera publicada en la sección de la revista titulada «By You» (Cartas de los Lectores). Dejaré que Vicki se presente y describa su experiencia.

Así es la vida a veces

«Cuando tenía diez años, mis padres se divorciaron. Naturalmente, mi padre me habló de esto, porque él era mi favorito (Note que Vicki no dijo: "Yo era *su* favorita").

—Querida, sé cuán malos han sido para ti estos días pasados, y no quiero que sean peores. Pero hay algo que tengo que decirte. Querida, tu madre y yo nos divorciamos.

—Pero, papito…

—Sé que tú no quieres esto, pero ya está hecho. Tu madre y yo no vamos a seguir como siempre. Ya tengo hechas mis maletas, y mi avión parte en media hora.

—Pero, papito… ¿por qué tienes que irte?

—Bueno,… tu madre y yo no podemos vivir juntos nunca más.

—Ya lo sé, pero quiero preguntar ¿por qué tienes que irte de la ciudad?

—Oh, bueno. Tengo alguien que me espera en Nueva Jersey.

—Pero, papito, ¿te volveré a ver alguna vez?

—Seguro que sí, querida. Ya veremos la manera.

—Pero, ¿cuál? Quiero decir, vas a estar viviendo en Nueva Jersey y yo estaré viviendo aquí en Washington.

—Tal vez tu madre estará de acuerdo en que tú pases conmigo dos semanas en el verano y dos en el invierno.

—¿Por qué no más a menudo?

—Yo no creo que ella permitirá siquiera esas dos semanas, mucho menos por más tiempo.

—Bueno, intentarlo no hará daño.

—Lo sé, querida, pero tendremos que pensar en esto más tarde. Mi avión sale en veinte minutos y debo ir al aeropuerto. Ahora voy a tomar mi equipaje, y quiero que vayas a tu habitación, así no tendrás que verme partir. Tampoco quiero largas despedidas.

—Está bien, papá. No te olvides de escribir.

—No lo olvidaré. Adiós. Ahora vete a tu cuarto.

—Muy bien, papá. ¡No quiero que te vayas…!

—Lo sé, querida, pero tengo que hacerlo.

—¿Por qué?

—No lo entenderías, querida.

—Sí, yo lo entendería.

—No, tú no lo entenderías.

—Oh, está bien, adiós.

—Adiós. Ahora vete a tu habitación. Apúrate.

—Muy bien. Bueno, creo que así es la vida a veces.

—Sí, querida. Así es la vida a veces.

Después que mi padre salió por esa puerta, nunca más oí de él otra vez». (Reimpreso con permiso de *American Girl*, una revista para todas las chicas, publicada por las Girls Scouts de E.U.A.)

Vicki habla elocuentemente en nombre de un millón de niños norteamericanos que han oído esas terribles palabras: «Querida, tu madre y yo estamos divorciándonos». A través del mundo entero, esposos y esposas están respondiendo al ataque de los medios de comunicación que les exhorta y empuja a hacer lo que cada uno quiera, a ceder a los deseos impulsivos, sin consideración del bienestar de sus familias.

«Los muchachos lo superarán,» dice la racionalización.

Toda forma de comunicación masiva parecía movilizada para extender la filosofía de «yo primero» durante la década de los setenta y los primeros años de los ochenta. Frank Sinatra lo dijo musicalmente en su canción «A mi manera». Sammy Davis, Jr. hizo eco de este sentimiento en «Tengo que ser yo». Robert J. Ringer proveyó la versión literaria en «Cuidando del número uno», el cual se convirtió un éxito de librería en Estados Unidos por cuarenta y seis semanas consecutivas. Otros libros parecidos a éste, fueron: *Open Marriage, Creative Divorce,* y *Pulling Your Own Strings* (Matrimonio liberado, Divorcio creativo y Tirando tus propias cuerdas, etc.), entre otros peligrosos éxitos de librería. Luego se vendió esta misma enfermedad en seminarios de realización personal, a manera de salud sicológica.

Esto sonó tan noble en ese tiempo. Se llamó «el descubrimiento de la personalidad» y ofrecía un llamado intoxicante a nuestras lujurias egoístas. Pero cuando esta insidiosa filosofía se había introducido en nuestro sistema de valores, comenzó a pudrirnos desde adentro. Primero, animó un coqueteo insignificante con el pecado (tal vez con un hombre o mujer de Nueva Jersey) seguido por la pasión y las relaciones sexuales ilícitas, por mentiras, por palabras obsenas y noches en desvelo, por lágrimas y angustia, por un deterioro de la autoestima, por abogados y cortes de divorcio y acuerdos apropiados, por devastadoras audiencias para la custodia de los niños. Y desde lo más profundo del remolino, podemos oír el grito de tres niños heridos -dos niñas y un niño- que nunca se recuperarán totalmente. «Entonces la concupiscencia, después que ha concebido, da a luz el pecado; y el pecado, siendo consumado, da a luz la muerte» (Santiago 1:15).

Para aquellos padres más jóvenes cuyos niños están todavía en edad impresionable, por favor, crean las palabras de mi padre: «La más grande desilusión es suponer que nuestros niños serán cristianos consagrados simplemente porque sus padres lo han sido, o que *cualquiera* de ellos entrará en la fe cristiana de alguna otra manera que no sea por el profundo afán de oración y fe de sus padres».

Si duda de la validez de esta afirmación, le sugiero que lea la historia de Elí en 1º Samuel 2-4. Aquí tenemos el relato de un sacerdote y siervo de Dios que no disciplinó a sus hijos. Estaba aparentemente demasiado ocupado con el «trabajo de la iglesia» para ser un líder en su propio hogar. Los dos muchachos crecieron para ser malos, y sobre ellos cayó el juicio de Dios.

Me preocupó el darme cuenta de que el servicio de Elí al Señor fue insuficiente para compensar su fracaso en el hogar. Luego leí todo lo que sigue de ese relato y recibí confirmación del principio. *Samuel*, el santo hombre de Dios que permaneció como un baluarte espiritual a través de su vida, creció en el hogar de Elí. El vio cómo sistemáticamente Elí perdió sus hijos, ¡sin embargo, Samuel fracasó también con su familia! Esa fue una verdad que me inquietó mucho. Si Dios no honró la dedicación de Samuel, garantizando la salvación de sus hijos, ¿haría más por *mí* si estoy demasiado ocupado para hacer mi «tarea»?

Después de enfrentarme con estas obligaciones y responsabilidades espirituales, el Señor me dio entonces una enorme carga con mis dos hijos; la llevo hasta este día. Hay ocasiones en que llega a ser tan pesada que pido a Dios sea quitada de mis hombros, aun cuando la preocupación no sea motivada por los problemas comunes o las ansiedades. Nuestros hijos son aparentemente sanos y parecen mantener su equilibrio emocional y académico (Danae terminó la universidad en 1990, y Ryan está terminando su penúltimo año en el momento en que escribo esto). Mi carga tiene su origen en que me doy cuenta de la guerra que se libra por los corazones y las mentes de todas las personas de la tierra, incluyendo estos dos preciosos seres humanos. Satanás engañaría y destruiría sus vidas si tuviera la oportunidad, y ellos pronto tendrán que escoger el camino por el que van a ir.

Estas misión de llevar a los hijos a la fe cristiana se puede comparar con una carrera de postas de tres hombres. Primero su padre corre su parte alrededor de la pista, portando el testigo, que representa el evangelio de Cristo. En el momento apropiado, él pasa el testigo a usted, y comienza su carrera alrededor de la pista. Luego vendrá el momento en el que usted debe entregar el testigo con toda seguridad en manos de su hijo. Pero como cualquier entrenador de carreras diría: «*Las carreras de postas se ganan o se pierden en la transferencia del testigo*». Hay un momento crítico cuando todos podemos perder por una vacilación o error de cálculo. El testigo raramente se cae a un lado de la pista, cuando el corredor lo sostiene con firmeza en sus manos. ¡Si la falla va a presentarse, será en el cambio entre generaciones!

De acuerdo con los valores cristianos que gobiernan mi vida, mi más importante razón para vivir es hacer que el testigo -el evangelio- pase con seguridad a las manos de mis hijos. Por supuesto, quiero colocarlo en muchas otras manos más, según sea posible, y estoy profundamente consagrado al ministerio de familias que Dios me ha dado. *Sin embargo, mi responsabilidad número uno es evangelizar a mis propios hijos*. En las palabras de mi padre, todo lo demás parece «pálido y desteñido», comparado con este ferviente deseo. No hay llamado más sublime sobre la faz de la tierra. (Tomado de *Straight Talk: What Men Need to Know, What Women Should Understand*, por el doctor James C. Dobson (Dallas: Word, 1991), pp.59-60, 63-66, 68-73, 77-79, 82.)

El hombre y su familia

Evaluación personal

En una escala del uno al diez, califíquese en las siguientes áreas, con 1 como «terrible» y 10 como «perfecto». Si se siente cómodo con la idea y realmente quiere obtener una evaluación adicional, podría también pedir a su esposa o hijos que le calificaran en estas áreas. Si no está casado, pero tiene hijos, vaya directo a la pregunta 6. Si es soltero y no es padre, conteste la siguiente pregunta: ¿Qué puedo hacer ahora para prepararme a ser un buen esposo y padre si Dios me dirige al matrimonio?

1. Mi esposa y yo tenemos un menú claramente definido de expectativas en lo que respecta a nuestra relación y nuestra familia.____

2. Mi esposa y yo nos entendemos y regularmente tenemos en una comunicación significativa.____

3. Mi esposa y yo estamos involucrados en un pequeño grupo de apoyo para ayudarnos a fortalecer nuestro matrimonio y familia.____

4. Mi esposa y yo reconocemos nuestras heridas personales y emocionales sufridas en el pasado, y hemos aprendido cómo compensarlas.____

5. Mi esposa y yo dependemos del Señor Jesucristo para nuestra calidad de vida.____

6. Empleo mucho tiempo de calidad con cada uno de mis hijos.____
   (¿Cuántos minutos al día calcularía que emplea conversando con cada hijo?____)

7. Mis hijos conocen mis valores y están captando los valores y actitudes por las que me preocupo profundamente.____

8. Cuando hago una promesa a mis hijos, saben que siempre la cumpliré.____

9. Cuando llegamos al propósito principal de la vida, cada uno de mis hijos entiende cómo me siento acerca de mi relación con Jesucristo y cada uno comparte ese valor conmigo____

Ahora revise su lista. ¿Sobresale alguna área que necesita una mayor atención ahora? ¿En cuál trabajará primero? En esa área calificada más cerca de uno, ¿qué podría hacer para ayudar a mejorar la calificación? (Podría aquí pedir la ayuda de su esposa o hijos.)

Evaluación en grupo

1. Hable sobre lo que hizo la semana pasada en relación con la actividad que seleccionó para ayudarle a acercarse más a la pureza.
2. En sesenta segundos o menos describa la calidad de matrimonio que vio en la relación de sus padres cuando era niño (cada miembro deberá hacerlo).
3. Complete la siguiente frase: Describiría la calidad de tiempo que mi padre pasó conmigo cuando era niño como...
(Cada miembro deberá hacerlo.)
4. ¿Le dan las respuestas a las preguntas dos y tres algún discernimiento para el éxito o fracaso de su propio matrimonio y, de su función como padre? A los solteros, ¿les dan estas respuestas discernimiento para tener éxito en sus futuras familias (si llegaran a tener una)?

Luego, basado en las necesidades de su grupo, puede centrar la atención, ya sea en el matrimonio o en el ser padre.

En el matrimonio

5. ¿Cuáles son algunas de las cosas en su menú de expectativas para la relación con su esposa (o si es soltero, para con su futuro cónyuge)?
6. ¿Cuán significativa es la comunicación con su esposa? ¿Qué puede hacer para lograr en la próxima semana que esa comunicación sea más significativa *para ella*?

En ser padre

7. ¿Cómo expresa sus valores a sus hijos (hablándoles, por lo que usted hace, por la manera como invierte su tiempo o dinero, por lo que lee o ve en la televisión, etc.)?
8. ¿Ha oído a alguien decir recientemente, o ha dicho: «Bueno, no estoy pasando mucho tiempo con mis hijos, pero no es realmente la cantidad de tiempo lo importante, sino la calidad»? ¿Qué piensa acerca de esa afirmación?
9. ¿Qué cambios puede hacer ahora para pasar más tiempo con sus hijos? ¿Cómo?

Versículo para memorizar: «Maridos, amad a vuestras mujeres, así como Cristo amó a la iglesia, y se entregó a sí mismo por ella... Padres, no provoquéis a ira a vuestros hijos, sino criadlos en disciplina y amonestación del Señor» (Efesios 5:25; 6:4).

Tarea para la semana

1. Escriba una actividad que planea hacer esta semana para fortalecer su matrimonio o su relación como padre. Escríbalo en su agenda o en una tarjeta de 6 x 10 cm para que no se olvide.
2. Lea la promesa número cinco: «El hombre y su iglesia», antes de la próxima reunión.

El hombre
y su iglesia

Un Cumplidor de Promesas
está comprometido a apoyar la misión de su iglesia honrando a su pastor y orando por él,
y dando activamente su tiempo y recursos.

PROMESA 5

Introducción

Hemos tratado cuatro promesas hasta aquí. Cada una ha enfocado alguna parte vital de nuestra relación con Dios, nuestra familia o amigos clave. Al comenzar con esta promesa, empezamos a expandir nuestra perspectiva. Un Cumplidor de Promesas no vive en la soledad. Es parte de una comunidad más grande. Veremos los tres aspectos relacionados: el compromiso de un hombre con su iglesia, con sus hermanos en Cristo en otras denominaciones y a través de las líneas raciales y étnicas, y con el mundo, a medida que vivimos el gran mandamiento de Cristo y la gran comisión.

Comenzamos en esta sección con la iglesia. Primero, veremos dos cosas que usted puede hacer por su pastor, las que lo animarán y le darán a él energía en su ministerio. No son difíciles, no le van a consumir mucho tiempo, pero son vitales para su bienestar. Y cualquiera puede hacerlo. El pastor Dale Schlafer, en un conmovedor capítulo nos muestra este secreto. Dale es pastor de la Iglesia South Evangelical Presbyterian Fellowship of Littleton, Colorado. Es también presidente de la junta directiva de Cumplidores de Promesas.

Después, un hombre que ha pastoreado por más de treinta años nos cuenta acerca de algunos de los hombres que hicieron alguna diferencia en sus iglesias. Verá que en muchos casos, lo que ellos hicieron no fue algo extraordinario, más bien, fueron fieles en hacer lo que Dios les había puesto en sus corazones. H. B. London, Jr., es el autor de este capítulo, y es el vicepresidente encargado de los ministerios pastorales de Enfoque a la familia. Antes de eso, fue pastor de iglesias nazarenas en California y Oregon.

Honrando y orando por su pastor

Por Dale Schlafer

Estaba en Cincinatti para una conferencia en la que desempeñaba un papel importante, y tenía temor. Me habían dado una gran responsabilidad, y me preguntaba si tenía habilidad para manejarla. El domingo anterior a mi viaje había confesado en mi iglesia estos sentimientos. Les había pedido oración. Ahora, nueve días más tarde, regresé a mi hotel y me detuve en la recepción para ver si tenía alguna carta. El recepcionista del hotel me dijo que había un telegrama para mí, contenía sólo dos palabras: «¡Lo amamos!»

Ese mensaje estaba seguido por doce páginas mecanografiadas a un solo espacio, conteniendo los nombres de los miembros de mi iglesia. Durante los anuncios de la iglesia el día anterior, la congregación había recordado que el próximo jueves era «mi gran día». Todo el que quería animarme fue invitado a firmar el telegrama. Cuando leí esos nombres, todas la doce páginas, me sentí crecer a dos metros y medio de alto. Supe que estaban orando y pensando en mí. En ese momento, sentí que podía haber hecho cualquier cosa porque estaba siendo afirmado y apoyado.

Esa noche, uno de mis mejores amigos (que también es pastor) y yo fuimos a ver un juego de béisbol. Mientras estábamos sentados en las graderías, le conté del telegrama. Aun años más tarde, mientras escribía esto, puedo ver su cara. Me miró directamente a los ojos y, con lágrimas rodando por las mejillas, me dijo: «Una vez, sólo una vez desearía que alguien de mi iglesia me dijera que me ama».

Lo que he descubierto desde esa noche, y lo que el reconocimiento de los pastores muestra, es que un gran número de ministros comparte el sentimiento de mi amigo. Se sienten sin amor, sin aprecio y sin el apoyo de la oración por parte de sus iglesias.

Los Cumplidores de Promesas están comprometidos a cambiar esta situación llamando a los hombres a «honrar y orar por sus pastores.»

Honor

Todos los cristianos son llamados a honrar a los demás. Romanos 12:10 dice: «En cuanto a honra, prefiriéndoos los unos a los otros». Dios nos pide estimar, respetar y mostrar deferencia el uno al otro en el Cuerpo de Cristo. Cuando se refiere a los pastores, sin embargo, la Palabra Dios dice algo único. Leemos en 1ª Tesalonicenses 5:12-13: «Os rogamos, hermanos, que reconozcáis a los que trabajan entre vosotros, y os presiden en el Señor, y os amonestan; y que los tengáis en mucha estima y amor por causa de su obra. Tened paz entre vosotros».

La frase «y que los tengáis en mucha estima» no se usa así en el original griego del Nuevo Testamento, sino que allí toma el adverbio y triplica su intensidad. Este versículo podría leerse: «Honrad, honrad, honrad en amor a aquellos que trabajan duro entre vosotros». En las palabras de hoy día podríamos parafrasearlo así: «Estimad al máximo en amor a aquellos que trabajan duro entre vosotros». Lo que sentimos aquí es la lucha del apóstol Pablo –casi no encontró las palabras— para expresar adecuadamente lo que el Espíritu Santo quiere comunicar a la Iglesia sobre cómo las personas de una congregación deben considerar a su pastor en un grado superlativo. Los pastores no deben ser estimados por su oficio, grado, edad o dones espirituales, sino «por su trabajo».

Entonces, la pauta bíblica es que todos los cristianos rindan honor los unos a los otros, y triple honor a sus pastores.

Ahora, si ese es el caso, ¿por qué los pastores no son honrados en nuestros días? Primero, nuestra cultura no nos anima a rendir honor a nadie. Vivimos en días de igualitarismo que no nos permiten hacer diferencias, pareciendo tratar a todas las personas de la misma manera. Los caricaturistas políticos y deportivos ridiculizan a los que tienen autoridad. Los comediantes ponen en ridículo a cualquiera que esté en estado de prominencia. Y el cristiano promedio lleva esa misma actitud a la iglesia.

Sin embargo, creo que la razón principal por la que los pastores no son honrados es que los miembros de la iglesia no saben que ésta es una de sus responsabilidades al seguir a Jesucristo. Algunos miembros disfrutan simplemente menospreciando a su pastor, pero la gran mayoría de ellos no honran a su pastor sólo porque ignoran la Palabra de Dios. Steve, un pastor con quien conversé cuando preparaba el material para escribir este capítulo, vino junto con algunos de los hombres de su iglesia a la conferencia de los Cumplidores de Promesas '93. Me dijo que desde entonces la situación había cambiado sorprendentemente porque sus hombres escucharon lo que el entrenador McCartney dijo sobre la responsabilidad de un hombre hacia su pastor. «Los hombres de mi iglesia no tenían mal corazón», dijo Steve. «Sólo necesitaban que alguien de afuera les explicara la verdad de la Palabra de Dios».

¿Cómo se explica que la gente de la iglesia no conoce esta enseñanza de honrar a sus pastores? La respuesta es que no ha sido enseñada. He buscado en libros de sermones en mi bibioteca, algunos escritos hace muchos años, otros bastante contemporáneos, pero no pude encontrar un solo sermón que trate de este tópico. Por la era en que vivimos, es obvio por qué éste es el caso. ¿Puede usted imaginar a su pastor parado en el púlpito el próximo domingo diciendo, no importa cuán suavemente lo hiciera: «Ustedes como iglesia tienen que rendirme triple honor»? Tan pronto como usted subiera a su automóvil, estaría diciendo: «¡Qué egocéntrico! No puedo creer que diga algo como eso. ¡Qué cosa. Siempre tan lleno de orgullo!» Porque esa es la forma en la que reaccionaría la mayoría de personas. Los pastores evitan esta enseñanza, y la iglesia norteamericana continúa en su ignorante desobediencia a este claro mandamiento de Dios.

Los Cumplidores de Promesas están comprometido a ver que esta verdad bíblica se vuelva a practicar. Por la gracia de Dios estamos decididos a eliminar la negligencia y el deshonor de nuestros pastores. Con fuerte determinación, los hombres cristianos son llamados a tomar la iniciativa en traer triple honor a nuestros pastores.

¿A qué se parecería el honrar a nuestros pastores? Miremos más de cerca la historia de Steve.

Según sus propias palabras, Steve estuvo «hasta el punto de la depresión». Desanimado con el ministerio en su iglesia había escrito una carta de renuncia. En efecto, la carta estaba firmada sobre su escritorio cuando él y algunos de sus hombres fueron a la conferencia de los Cumplidores de Promesas. Cuando los hombres escucharon al entrenador McCartney, se sintieron muy culpables de no haber honrado a su pastor. Durante el tiempo de compartir en el servicio de adoración el domingo siguiente, un número de ellos se puso de pie y se arrepintieron de su pecado de no honrar y animar a su pastor. También reconocieron su pecado de esperar que él hiciera todo el ministerio, mientras ellos permanecían a un lado quejándose.

«Hubo de inmediato un cambio en mi iglesia –dijo Steve. –Toda la dinámica de nuestra iglesia está cambiando. Me han dejado en libertad de hacer lo que he sido llamado a hacer. Además de eso, han iniciado un momento de oración el lunes por la mañana durante el cual dedican un tiempo a orar por mí». Con gran deleite, Steve rompió su carta de renuncia, y él y su iglesia trabajan ahora juntos como equipo. ¿Por qué? Parte de la respuesta tiene que ser porque los hombres vieron la necesidad bíblica de honrar a su pastor. Como resultado de su obediencia, Dios ahora está libre para derramar su bendición.

Tal vez usted piensa: *¿Podría este honrar ir demasiado lejos? ¿Podría alimentar un problema de egolatría? ¿Podría causar celos?* Indudablemente, esas preocupaciones son posibilidades. Si yo estuviera escribiendo a los pastores, me extendería en este punto de tratar con los pecados de arrogancia con los cuales podrían ser tentados. Pero precisamente ahora, en este punto de la historia de la iglesia norteamericana, esos pecados no son el problema. El dolor, la negligencia, el deshonrar han ido demasiado lejos, y con tal intensidad, que un gran número de pastores están renunciando porque se sienten solos y sin apoyo. Una encuesta reciente reveló que 80% de los pastores respondieron que en los últimos tres meses habían pensado en renunciar. Sí, en algunos hombres inmaduros el triple honor podría ser un problema. Pero para la gran mayoría de pastores piadosos, honrarlos y animarlos haría que se sintieran más motivados y hasta serían trabajadores más dedicados. Estarían más animados, y sus iglesias serían bendecidas.

Como pastor, yo también estuve de pie en el estadio de fútbol en la reunión de los Cumplidores de Promesas '93. Me gocé en la prolongada ovación que más de 50.000 hombres dieron a todos los pastores que estaban allí. En la providencia de Dios, estaba parado junto a un pastor que no conocía. El dijo: «¡Esto será suficiente para mí, a fin de poder soportar toda la...que recibiré en mi iglesia durante los próximos seis meses!» Honrarlo de esta manera había puesto en él una nueva resolución y deseo en su corazón para y pastorear su iglesia, en medio de lo que evidentemente era una situación difícil. Ahora, ¿qué efecto tendría si los hombres de esa iglesia honraran y animaran a su pastor regularmente?

¿Qué sucedería si usted regularmente honrara y animara a su pastor? Creo que su iglesia comenzaría a recibir bendiciones como nunca antes. ¿Por qué? Porque la bendición viene cuando obedecemos su Palabra.

Oración

Los Cumplidores de Promesas también están comprometidos a orar por sus pastores. El concepto de orar está claramente detallado en la Biblia: «Orando en todo tiempo con toda oración y súplica en el Espíritu, y velando en ello con toda perseverancia y súplica por todos los santos» (Efesios 6:18).

Cuando esto tiene que ver con orar por nuestros pastores, tenemos una responsabilidad especial. Pablo, tanto apóstol como pastor, dijo: «Pero os ruego, hermanos, por nuestro Señor Jesucristo y por el amor del Espíritu, que me ayudéis orando por mí a Dios» (Romanos 15:30). En otro lugar él recuerda a sus lectores que ellos podían ayudarle en su equipo ministerial «con la oración» (2ª Corintios 1:11). En otras palabras, los pastores están especialmente en necesidad de oración.

¿Por qué es ese el caso? El deseo de Satanás es destruir la obra de Cristo en el mundo. Una de sus más efectivas formas de hacerlo es destruyendo pastores. Si Satanás puede derribarlos, convirtiéndolos en causa de vergüenza y ridículo para manchar la obra de Cristo, el mundo no creyente no será atraído a Jesús. Todos hemos visto la carnicería que ha quedado a nuestro alrededor con pastores que han fracasado moralmente, o que simplemente han dejado el ministerio debido a la desilusión.

Hace algunos años, un pastor en Denver contó a su congregación la siguiente historia verídica. Una señora de su iglesia volaba de regreso a Denver, y mientras se servía la comida, notó que la mujer cerca de ella no había tomado la bandeja de comida. Para iniciar una conversación, la mujer cristiana la pregunto: «¿Está usted a dieta?»

«No», fue la respuesta. «Soy miembro de la iglesia de Satanás, y estoy ayunando por la destrucción de las familias de los pastores y líderes cristianos.»

Los pastores están en peligro, porque son los líderes de la iglesia. Si Satanás puede atraparlos, la Iglesia de Jesucristo quedará lisiada. De ninguna manera trato de disculpar a los pastores que han caído o que han salido del ministerio durante los últimos años. Pero tengo una pregunta ¿Cuántos de estos pastores tuvieron hombres en sus iglesias, que diariamente los pusieron delante del Señor en oración. Me pregunto, ¿cuántos grupos de hombres se reunieron para orar por ellos? No me sorprende el número de pastores que han caído. Para ser sincero, me sorprende que el número no sea más grande. El trabajo de ser pastor es enormemente difícil. Y se hace aun más difícil porque los hombres de la iglesia no están orando.

Los pastores necesitan oración especialmente para su predicación y enseñanza de la Palabra. También pregunto: ¿Por qué los pastores no están predicando lo que realmente creen que es la Palabra de Dios en sus congregaciones? Creo que la respuesta es que tienen temor de que la gente de sus iglesias no acepte esa clase de predicación que los confronta clara y poderosamente con el pecado. Temor de que ellos serán despedidos y que perderán su seguridad económica. Como resultado, en muchos casos, los propósitos de Dios se ven impedidos y nuestras iglesias permanecen débiles y enfermas.

El apóstol Pablo pedía regularmente oración, para que «denuedo le pudiera ser dado». Los pastores necesitan saber que sus hombres están con ellos y además oran por ellos como para atreverse a compartir todo el Consejo de Dios, y no ceder frente a la oposición, sea ésta dentro o fuera de la iglesia.

E.M. Bounds lo dijo de este modo:

> «Los hombres en la banca de la iglesia, entregados a orar por el pastor son como postes que sostienen los alambres por los cuales pasa la corriente eléctrica. Ellos no son el poder, ni los agentes específicos para hacer efectiva la Palabra del Señor, pero sostienen los alambres por los cuales el poder divino circula y va hacia los corazones de los hombres...Ellos hacen favorables las condiciones para la predicación del evangelio (*A Treasury of Prayer-The Best of E.M. Bounds* [Mineapolis: Bethany House, 1961], pp.172-73).

lo

No entiendo todo; sólo sé que cuando los hombres de la iglesia empiezan a orar por el pastor, algo sucede.

El doctor Wilbur Chapman a menudo hablaba de cuando fue a Filadelfia, para ser el pastor de la iglesia Wanamaker Church. Después de su primer sermón, un anciano se acercó a él frente al púlpito y le dijo: «Usted es muy joven para ser el pastor de esta gran iglesia. Siempre hemos tenido pastores más maduros. Temo que no tendrá éxito, pero usted predica el evangelio, y voy a ayudarlo en todo lo que pueda».

«Lo miré —dijo el doctor Chapman, —y me dije a mi mismo: "He aquí un chiflado"». Pero el anciano continuó: «Voy a orar por usted, para que pueda tener el poder del Espíritu Santo sobre usted, y otros dos más han convenido en unirse conmigo». Entonces el doctor Chapman relató el resultado:

> «No me sentí tan mal cuando supe que él iba a orar por mí. Los tres se convirtieron en diez, los diez llegaron a ser veinte, los veinte llegaron a se cincuenta, y los cincuenta se volvieron doscientos que se reunían antes del servicio para orar, a fin de que el Espíritu Santo pudiera venir sobre mí. En otra habitación, dieciocho ancianos arrodillados muy cerca de mí oraban

por mí, para que pudiera extender mis manos y tocarlos. Siempre fui al púlpito sintiendo que tenía la unción en respuesta a la oración de 219 hombres. Era fácil predicar, un verdadero gozo. Cualquiera podía predicar en tales condiciones. ¿Y cuál fue el resultado? Recibimos 1.100 personas en nuestra iglesia, por conversión en tres años, 600 de las cuales eran hombres. Los miembros de la iglesia tienen mucho más que hacer que ir a la iglesia como curiosos, simples espectadores para divertirse y entretenerse. Es su obligación orar poderosamente, para que el Espíritu Santo pueda cubrir al predicador y hacer que sus palabras sean como dinamita.

(John Maxwell, en una carta a los líderes de la iglesia, citando a A.M. Hills en *Pentecostal Light*)

Imagine qué pasaría si usted y otros hombres de su iglesia decidieran orar por su pastor. Toda la dinámica y la atmósfera de su iglesia sería diferente.

¿Qué le parecería comenzar esta clase de ministerio? En la iglesia donde yo sirvo, una vez al año se les pide a los hombres inscribirse para ser mis compañeros de oración. Se asigna por lo menos un hombre para orar por mí cada día del mes. Cuando aquella lista es hecha, oro también ese día por el hombre que está orando por mí. A fin de ayudar más a mis compañeros de oración, les envío regularmente una carta para mantenerlos al corriente sobre las respuestas a sus oraciones y las cosas nuevas por los cuales ellos pueden estar orando.

Todo el grupo que se inscribió está también dividido en cuatro equipos. A cada equipo se le asigna un domingo al mes, para venir a la iglesia a orar por mi (los quintos domingos no son asignados a nadie, y cualquier miembro del equipo puede venir voluntariamente. (¡Por lo general, esas reuniones están repletas!). Los hombres llegan a las 8:15 A.M., ya que nuestro primer servicio se lleva a cabo a las 9:00, y se dispersan por todo el edificio de la iglesia. Algunos permanecen en el centro de adoración, orando por el grupo encargado del servicio de adoración y por otros que participarán del mismo, así como por los asistentes. Otros van por las salas de clase, orando por nombre por los maestros de cada clase. Aun otros van al patio de estacionamiento, pidiendo a Dios mantener las cosas en orden y con amabilidad, y que el gentil Espíritu de Jesús se pueda sentir en todos los que entren al estacionamiento. A las 8:30 todos nos reunimos en mi oficina, y vuelven a orar por mí. Les digo lo que pienso que Dios quiere hacer ese día, así también cómo me siento física y espiritualmente. Entonces me arrodillo, los hombres se arrodillan a mi alrededor, me imponen las manos y comienzan a orar.

Los resultados han sido sorprendentes. He sentido un nuevo poder y autoridad en mi predicación. Los hombres que oran tienen un sentido de desempeñar un papel sumamente importante los domingos por la mañana. Saben que sus oraciones son esenciales, si algo de trascendencia eterna va a tener lugar. Además, el Señor ha formado un maravilloso sentimiento de cooperación a través de este compañerismo de oración. Algunas veces, mientras estoy predicando, miro a alguno de ellos y él me muestra su mano con el dedo pulgar levantado, en señal de aprobación. Cuando eso ocurre, sé que ellos están orando y están *conmigo*, y entonces realmente «¡voy a predicar!»

Permítame sugerirle ir donde su pastor y decirle que desea organizar un equipo de hombres que orarán por él todos los días. Dígale que usted y su grupo de hombres desean reunirse con él los domingos antes del culto, para orar pidiendo que la unción del Espíritu Santo venga sobre él. Si hace esto, será una de las alegrías más grandes que su pastor haya tenido en su ministerio.

¿Cómo sé que esto es cierto? Porque una abrumadora mayoría de pastores se sienten sin oración y totalmente solos en sus ministerios. Un pastor me dijo no hace mucho: «Nadie en mi iglesia se preocupa de mí o del ministerio de ella». Supóngase que los hombres de su iglesia van donde él y le piden que permita que oren por él. ¿Qué cree usted que pasaría? Esa iglesia nunca volvería a ser la misma.

Conclusión

Los Cumplidores de Promesas están buscando nada menos que un modelo de cambio en la vida de las iglesias de Estados Unidos. Hasta ahora, en la gran mayoría de situaciones, a los pastores no se les ha honrado, amado, estimado, ni se ha orado por ellos. Por la gracia de Dios, sin embargo, eso va a cambiar tan pronto como Cumplidores de Promesas en cada iglesia vean como su responsabilidad personal apoyar al pastor. Es por eso que digo que queremos un modelo de cambio, un ejemplo para entender e interpretar la realidad.

Cuando hay un modelo de cambio, todo cambia. Cuando los Cumplidores de Promesas comiencen a honrar y orar por sus pastores, una nueva vida y vitalidad comenzará a crecer en las congregaciones. Un nuevo espíritu de cooperación se producirá entre el pastor y la gente. Un nuevo sentido de llamamiento dominará a los pastores. Una nueva santidad brotará por el cambio de la predicación. Y nos encontraremos en medio de un avivamiento.

En la reunión de los Cumplidores de Promesas '93, el entrenador Mc-Cartney dijo lo siguiente:

«Nos veo yendo a nuestras iglesias y pidiendo permiso a nuestros pastores para orar fervientemente por el favor de Dios para con él, a fin de pararnos frente a la congregación y decir: "Las cosas van a cambiar aquí. Vamos a comenzar a elevar a nuestro pastor. Vamos a empezar a ayudar a de cualquier manera que podamos nuestro predicador. ¡Vamos a orar todo el tiempo! Vamos a edificar a este hombre. Vamos a llevarlo a donde nunca antes ha estado." Nos veo explotando en nuestras iglesias».

¡Esa es en verdad nuestra meta!: ver extenderse un avivamiento por todo nuestro país. ¿Cómo ocurrirá? El avivamiento vendrá cuando las iglesias sean reavivadas. Estas serán reavivadas cuando los pastores sean reavivados. Y parte de lo que usará Dios para reavivarlos serán los Cumplidores de Promesas, hombres que cumplen su palabra de honrar a sus pastores y orar por ellos.

El hombre que Dios busca

Por H.B. London, Jr.

Mi interés en el papel que los hombres desempeñan en la vida de la iglesia se inició en mi primer pastorado. Era una pequeña iglesia en un sector pobre del sur de California. La iglesia estaba constituida principalmente por mujeres que manejaban los hogares o que asistían solas a la iglesia, porque sus esposos no eran salvos. Esta había sido, y continúa siendo, una iglesia enfermiza; cuando los hombres no toman el liderazgo en una iglesia, esta no será nunca equilibrada. Permanecerá como una organización vulnerable y sin ninguna influencia notable en su comunidad.

«William Bennett lo dijo sucintamente en un discurso en 1986, sobre la familia en Chicago, cuando preguntó: "¿Dónde están los padres?... Generalmente, las madres están allí luchando. Por nueve de cada diez niños en hogares donde hay uno solo de los padres, el que no está allí es el padre. La quinta parte del total de niños norteamericanos viven en hogares sin padres... ¿Dónde están los padres? ¿Dónde están los hombres?» (James Dobson and Gary L. Bauer, Children at risk Dallas: Word, 1990, p.167)

Esa pequeña iglesia no tenía autoestima. Y aunque experimentamos tres años de crecimiento, este no era fundamental. Era un crecimiento surgido de la crisis y de mis esfuerzos. Allí aprendí una gran lección. No es mi intención que esta afirmación parezca machista, pero aprendí que nunca debería volver a ser ser pastor de una iglesia que no tuviera un fuerte liderazgo masculino. Sin embargo, lo hice. Mi segunda iglesia estaba en un pueblo donde había una fábrica de acero. La fábrica operaba en tres turnos, y, como usted ya lo adivinó, las mujeres tomaban la mayoría de las decisiones en nuestra congregación. Aprendí a trabajar con las damas «influyentes», pero no pude menos que darme cuenta del efecto que tenía en cada faceta de la iglesia. En cada decisión importante, todos los hombres permanecían callados mientras las mujeres tenían la palabra final. Esta manera de comportarse no sólo era evidente en la iglesia, sino también en los hogares y negocios. La forma como eran criados los chicos, dónde se iría a pasar vacaciones –todos estos asuntos eran efectuados con un sentido de desinterés por parte de los hombres.

He visto el mismo fenómeno en otras iglesias. He visto hombres buscando la aceptación de otras personas en formas diferentes.

¿Debo culpar a las mujeres? No, de ninguna manera. Ellas han estado ocupando los lugares que les habían asignado. Si los hombres descuidan el liderazgo en la iglesia, no están considerando el mandato de Dios. Si ellos permanecen silenciosos en los momentos de tomar decisiones importantes, no tienen que culpar a nadie más que a sí mismos. Si un hombre abdica su responsabilidad en el hogar como cabeza de la casa, y entrega el papel de la disciplina a la madre, en la mayoría de los casos, las consecuencias serán dolorosas.

Lecciones aprendidas

Después de siete años de un ministerio realmente de éxito, acepté un nombramiento para una iglesia en el noroeste. Era todavía un ministro joven, pero había aprendido mucho. Había decidido poner un gran énfasis en ganar hombres para Jesucristo, y animarlos a tomar la tarea de liderazgo. Era más que un simple sueño; era un asunto de economía. Había aprendido que en más de 90% de esos hogares donde el hombre tomaba el liderazgo o llegaba a conocer a Cristo, toda la familia lo seguiría. La esposa sería relevada de su carga en moldear la vida espiritual de su familia, y los hijos seguirían gustosamente la decisión de su padre. En muchas maneras, esto dio a toda la familia un enfoque –algo en común, algo para hacer juntos.

El énfasis funcionó. La iglesia, con el paso de los años, llegó a ser una de las más grandes en la denominación en la que yo servía. ¿A causa de los hombres? ¡No! Porque teníamos equilibrio en el liderazgo de la iglesia. Esta era la manera que Dios quería que la iglesia funcionara. Ahora teníamos lo mejor de ambos mundos –líderes masculinos y femeninos compartiendo la carga de sus familias y comunidades. Cada iglesia debe tener la misma igualdad de liderazgo. ¿Cómo puede conseguirse esto? Permítame explicarle.

Mi iglesia en el noroeste tenía una fuerte presencia masculina, pero no se hacía sentir. Estaba orientada más como organización que como ministerio. No vimos mucho amor, pero vimos mucho orgullo. Trabajé duro para cambiar ese modelo. Di mi vida a esos hombres, invirtiendo gran cantidad de tiempo y energía con ellos, sin descuidar las necesidades de sus esposas y familias. Organicé un acercamiento mediante desayunos, almuerzos y deportes.

Casi cada día laborable pasaba hasta cuatro horas con hombres. Algunos días tenía dos desayunos o dos almuerzos, o nos encontrábamos en los lugares de trabajo u oficinas. En esas reuniones, hacía tres cosas, todas centradas en un tipo de interacción personal.

La primera cosa que hice fue tratar de descubrir qué clase de antecedentes espirituales tenía el hombre. Sólo un bajo porcentaje de personas en el noroeste asistían a la iglesia. No era raro encontrar a hombres que no tenían en absoluto una iglesia o cualquier tipo de inluencia religiosa. Hice preguntas, tales como: «¿Asistía a la escuela dominical cuando era niño?», «¿Iban sus familiares con usted a la iglesia?», «¿Tenía un pastor favorito?», «¿Asistían a la iglesia la mayoría de sus amigos de la escuela secundaria?» Tales preguntas me conducían a menudo a más discusiones sobre los antecedentes de mis invitados. Frecuentemente podía descubrir una gran desilusión en cuanto a la iglesia –desconfianza y hasta desprecio. Pero al menos esto me daba un comienzo. Nunca tuve una actitud de juicio o condena para con ellos. Por el contrario, fui compasivo. Muchos hombres han vivido bajo la condena de la familia, amigos y líderes de la iglesia, por tanto tiempo, que piensan que nunca darán la talla.

Mi segunda meta fue establecer una base común para un diálogo posterior. De manera simple, lograba que el hombre hablara de sí mismo. La mayoría de los individuos no son dados a mucha conversación, pero si usted encuentra un punto de interés, ellos hablarán. A muchos de ellos les gusta hablar de deportes y de trabajo; se animan cuando pueden recordar, eventos interesantes en sus vidas. Me sentaba y dejaba que fluyera su conversación. Aprendí mucho de hombres que tenían tanto ganancias como pérdidas en sus vidas, amor y relaciones. También aprendí que rara vez tienen un lugar para sí mismos –en el que que no tengan que competir con un programa de televisión, muchachos, esposas u otros individuos. Y aprendí que nuestro tiempo establecido para desayunar o almorzar no era un momento para que tratara de impresionar a mis invitados. Era su oportunidad de lucirse. No hice ningún intento por deslumbrarlos, yo era todo oídos. ¡Qué valiosa experiencia era aquélla! Me ayudó a aprender más acerca de las presiones, las tentaciones y los temores que mis hombres enfrentaban.

También pasé mucho tiempo en su terreno –canchas de baloncesto, campos de béisbol, canchas de golf, eventos atléticos, e incluso en sus lugares de trabajo. Todo eso llegó a ser un foro de evangelismo y amistad. El hecho de que realmente alguien se interesaba en ellos era la atracción obvia. Traté de salir a propósito de mi «manto clerical» y ser real. Para algunos, llegué a ser una figura paternal; para otros, el hermano que nunca tuvieron; para la mayoría, un amigo en quien podían confiar. Todos necesitaban que les mostrara un interés sincero en sus vidas.

El gesto final de interés que trataba de ofrecer era hacer un seguimiento. No se trataba de luego irme y no volver a ocuparme de ellos. Quería que los hombres supieran que no estaba buscando hacer otra muesca en el cinturón de crecimiento de mi iglesia, sino que me interesaba por ellos porque eran importantes para mí. ¿Cómo podía comunicar mi interés? Por medio de una simple frase, como: «Si me necesita, solamente llámeme». «¿Hay alguna manera en la que pueda orar por usted?» «Hablaré pronto con usted». Lo más importante era que yo decía lo que realmente quería decir.

Cuando era un joven ministro, un senador de los Estados Unidos se interesó en mí y me hizo sentir especial. Nunca olvidaré la ocasión en la que viajé a Washington, D.C. Estaba asustado con la idea de entrar al edificio de oficinas del Senado. Sin embargo el senador me saludó cordialmente –como si fuera alguien importante– y me invitó a almorzar en el comedor del senado, donde probé un poco de su famosa sopa de fríjoles. Después del almuerzo, me llevó a través del capitolio nacional, deteniéndose para señalarme algunos puntos de interés. Entramos a un pequeño cuarto parecido a una capilla en miniatura, localizado fuera de la rotonda del capitolio. Nos arrodillamos ante un pequeño altar, y oró por mí. ¡El por mí! Tan pronto como estaba saliendo, el senador dijo: «Pastor, si alguna vez me necesita, por favor siéntase con la libertad de llamarme».

No olvidaré nunca ese momento. De allí aprendí que nadie es indigno. Todos cuentan. Dios nos ama a cada uno de nosotros como si fuésemos la única persona para amar.

Esas frase: «Si alguna vez me necesita, por favor siéntase con la libertad de llamarme» llegó a ser parte de mi ministerio para los hombres. Ellos me llamaron, y todavía lo hacen.

Aprendí mucho de los mismos hombres sobre cómo pastorearlos. Me ayudaron a ministrar sus necesidades, no a las que yo me había imaginado. Por ejemplo, un día entró a mi oficina un prominente cirujano. Yo era nuevo en la iglesia. El era altamente respetado tanto en la comunidad como en la congregación. Para ser sincero, me sentí intimidado por él. Conversamos sólo un momento y luego salió. Me preguntaba por qué había venido a verme; realmente no me lo dijo.

En unos pocos minutos, el teléfono de mi oficina sonó. Era el doctor, y dijo:

—H. B., realmente necesitaba de usted hace un momento, pero me pareció que no lo notó. ¿Puede imaginarse entrando a mi consultorio, sentarse en mi mesa de examen y que yo no le pregunte a usted cuáles son sus necesidades?

Mi respuesta fue un vacilante:

—No.

El continuó:

—Necesitaba que orara conmigo en ese momento. Estaba experimentando algunas dificultades familiares traumáticas. Usted me falló hoy. Pero no se preocupe, pastor, voy a darle otra oportunidad.

Cuando colgó, incliné mi cabeza y di gracias a Dios por la lección que me había enseñado –dolorosa pero valiosa– llegué a ser agudamente consciente de mi responsabilidad para con las personas que Dios permitía que se cruzaran en mi camino. Tuve el honor de orar por los hombres. Y cuando era apropiado, oraba por ellos sin tomar en cuenta lo que me rodeaba.

Se me ha preguntado frecuentemente por qué hacía tal –a menudo desilusionante– gasto de tiempo invertido en atender a los hombres. Mi respuesta es: Es el plan de Dios para su Iglesia. Estaba buscando, con su ayuda, desarrollar una generación de hombres cristianos que vivieran las expectativas de 2ª Timoteo 2:2: «Lo que has oído de mí ante muchos testigos, esto encarga a hombres fieles que sean idóneos para enseñar también a otros».

El hombre que Dios quiere

Permítame describir la clase de hombre que creo que Dios busca en este mundo complejo. Voy a empezar preguntándoles cómo se ven ustedes mismos. ¿Qué dirían de usted los demás al ver su relación con Dios y con la iglesia? Mi esperanza y oración es que lusted esté a la altura de algunos hombres de la Biblia que fueron descritos en pocas palabras:

- *Abraham* fue fiel y creyó en Dios (lea Hebreos 11:8–12; Génesis 15:6).
- *Bernabé* fue un «hijo de consolación» (Hechos 4:36).
- *David* fue «un varón conforme [al] corazón [de Dios]» (1º Samuel 13:14).
- *Ezequías* «hizo lo recto a los ojos de Jehová» (2º Reyes 18:3).
- *Job* «era .... hombre perfecto y recto, temeroso de Dios y apartado del mal» (Job 1:1).

- «Era *Noé* varón justo, era perfecto en sus generaciones; con Dios caminó Noé» (Génesis 6:9).
- *Moisés* «era [un hombre] muy manso» (Números 12:3).
- *Demetrio* «todos dan testimonio de [él] y aun la verdad misma» (3ª Juan 12).
- *Salomón* recibió de Dios «sabiduría y prudencia muy grandes, y anchura de corazón como la arena que está a la orilla del mar» (1° Reyes 4:29).
- *Timoteo* es «fiel en el Señor» (1ª Corintios 4:17).
- *Enoc* «caminó con Dios» (Génesis 5:24).
- *Esteban* era un hombre «lleno de gracia y poder [de Dios]» (Hechos 6:8).
- *Simeón* era «justo y piadoso» (Lucas 2:25).
- *Jesús* «se regocijó en el Espíritu» (Lucas 10:21).
- *Cornelio* (el centurión) «[era un hombre] piadoso y temeroso de Dios con toda su [familia]» (Hechos10:2).
- *Jonatán* «[su] alma .... quedó ligada con la de David, y lo amó como a sí mismo» (1° Samuel 18:1).

Estoy seguro de que usted ha captado el sentido.

Estoy conmovido por quien escribió: «Por tanto, nosotros también, teniendo en derredor nuestro tan grande nube de testigos, despojémonos de todo peso y del pecado que nos asedia, y corramos con paciencia la carrera que tenemos por delante, puestos los ojos en Jesús, el autor y consumador de la fe, el cual por el gozo puesto delante de él sufrió la cruz, menospreciando el oprobio, y se sentó a la diestra del trono de Dios» (Hebreos 12:1–2).

Nuestras vidas en Cristo son identificables. La gente puede ver cuáles son nuestros valores –cómo enfrentamos una crisis; la manera como tratamos a nuestras familias; cómo nos relacionamos con los mandamientos de Dios, y dónde están colocadas nuestras prioridades. Pues ¿qué dirían otros de usted? «El es: ¡fiel! ¡Moral! ¡Lleno de integridad! ¡Persona de oración! ¡Humilde! ¡Obediente! ¡Devoto! ¡Comprometido con su familia!» O tal vez una combinación de esas cualidades. A pesar de todo, usted tiene características que lo identifican.

De mis treinta años de ministerio, un puñado de hombres permanecen claros en mi mente. Cometería una injusticia si los llamara por sus nombres, pero espero que ellos se reconozcan a sí mismos.

- *Howard:* Dispuesto a involucrarse en tareas ingratas e insignificantes.

Era invalorable. Era un verdadero siervo.

- *Gerald:* La persona más generosa que he conocido. El creía de verdad que todo lo que tenía le pertenecía a Dios. Era un hombre que brindaba su cuidado y apoyo a otros. Fue también grandemente bendecido.

- *Alan:* Un animador. Estaba junto a su pastor de manera digna de elogio. También escribió notas, hizo llamadas telefónicas, e hizo cosas que no se esperaban de los líderes de la iglesia. Era desinteresado pero tenía una opinión saludable de sí mismo.

- *Ralph:* Oraba. Quiero decir que él realmente oraba. Algunas veces aun me turbaba porque oraba mucho y en lugares insólitos. Pero cuando necesitaba a alguien que orara por mí, usted puede estar seguro de que lo llamaba. Y todavía lo hago.

- *James:* Estaba totalmente dedicado a Cristo Jesús y encontraba gran placer en hacer su voluntad. Daba alta prioridad a la asistencia a la iglesia y al uso de sus dones para la honra de Dios. No hacía alarde de su fe. Simplemente la vivía, y la gente podía ver en él una diferencia que a menudo exigía una explicación.

- *Carl:* Amaba realmente a su familia. Era algo natural, no forzado. Se ocupaba de sus deberes como esposo y padre de una manera que nos impresionaba a algunos de nosotros. Después de su amor por el Señor, su familia tenía la prioridad por sobre todo lo demás.

- *Martin:* El modelo de integridad. Vivía en privado tan abierta y honestamente, como si los líderes de la iglesia lo hubieran estado observando. Podía confiar en él con toda seguridad. Rehusaba tomar parte en chismes y ociosas charlatanerías. Era un hombre sin engaño, pero él no exhibía su integridad. Sencillamente la vivía.

- *John:* Era un amigo. No lo necesitaba a usted para cuidar la amistad. Era leal, honesto. Le exigía a usted responsabilidad ante él de sus acciones. No era perfecto, pero era constantemente bondadoso y estaba listo para hablar y escuchar.

- *Bill:* ¡Qué estudiante! A veces estaba obsesionado con su sed de conocimiento. La Biblia era verdaderamente una «luz y una lámpara» para él; ésta dio claridad a su vida. Era una persona dispuesta a aprender.

- *Lou:* Fue constante. Su vida estaba llena de dolor y desencanto, pero nunca se preocupaba. Como Job y Pablo, se dio cuenta de que era un peregrino en esta tierra; no iba a instalarse de por vida, sino a vivir a la expectativa. El dolor lo visitó por un tiempo. Era más que vencedor. No luchó contra la vida; la vivió y nos hizo sentir a todos ganadores.

En este momento, mientras recuerdo a los hombres que he conocido y pastoreado, me siento como el escritor de Hebreos cuando dijo:

«¿Y qué más digo? Porque el tiempo me faltaría contando de Gedeón, de Barac, de Sansón, de Jefté, de David, así como de Samuel y de los profetas; que por fe conquistaron reinos, hicieron justicia, alcanzaron promesas, taparon bocas de leones, apagaron fuegos impetuosos, evitaron filo de espada, sacaron fuerzas de debilidad, se hicieron fuertes en batallas, pusieron en fuga ejércitos extranjeros» (Hebreos 11:32–34).

No quiero aburrirlos mencionando cantidad de personas a las que he tenido el honor de pastorear. Sus vidas, sin embargo, no fueron solamente beneficiosas para la iglesia, sino también para mí personalmente. Fuí llamado a una nueva dimensión de vida santa por causa de ellos. Estoy agradecido a Dios por haberlos traído a mi vida.

Mientras reviso la lista de nombres, sin embargo, me doy cuenta de que ninguno de esos hombres fue perfecto. Todos tenían defectos y asperezas. Todos ellos necesitaban mejorar. Pero ellos reconocieron esto y continuaron trabajando en sus puntos débiles. Creo que ésta es la verdadera señal de la madurez. Cuando vemos una necesidad en nuestras vidas, no nos alejamos de ella; buscamos la guía de Dios para nuestra sanidad y corrección.

«Pero sed hacedores de la palabra, y no tan solamente oidores, engañándoos a vosotros mismos. Porque si alguno es oidor de la palabra pero no hacedor de ella, éste es semejante al hombre que considera en un espejo su rostro natural. Porque él se considera a sí mismo, y se va, y luego olvida cómo era. Mas el que mira atentamente en la perfecta ley, la de la libertad, y persevera en ella, no siendo oidor olvidadizo, sino hacedor de la obra, éste será bienaventurado en lo que hace» (Santiago 1:22–25).

Permítame preguntar: ¿Está usted involucrado en edificar la Iglesia de Jesucristo? ¿Conoce usted sus dones espirituales y los usa para fortalecer el Cuerpo de Cristo? Esos dones no necesitan ser excepcionales, pero usted desperdiciará parte de su vida en el Cuerpo, si no usa lo que Dios le ha dado (lea Romanos 12:5–8). Debemos ajustar nuestros dones a las tareas que Dios nos ha asignado. Esto funcionará todo el tiempo.

Para una lista de verificación para el hombre moderno de la iglesia, vea la evaluación personal al final de esta sección.

Nuestra motivación

T.S. Eliot dijo una vez: «La traición más grande es hacer lo correcto pensando en la razón equivocada». ¿Por qué debemos tratar de vivir de acuerdo con una norma tan diferente de la del mundo? Sería tan fácil hacerlo a su manera. La respuesta está simplemente afirmada pero de ningún modo simplemente vivida: nuestro amor por Dios y por su creación.

La Biblia dice en 1º Samuel 16:7: «Porque Jehová no mira lo que mira el hombre; pues el hombre mira lo que está delante de sus ojos, pero Jehová mira el corazón».

Lo que creemos, es importante, pero no termina allí. El cómo actuamos es también una prueba, la demostración verdadera de nuestras prioridades y convicciones. Observe cómo actúa un hombre y usted podrá, de muchas maneras, determinar el nivel de su sometimiento al Señor. Jesús aun habló de algunos que respondieron positivamente a la voz de Dios, pero luego actuaron de acuerdo con su propia voluntad. En la parábola de los dos hijos, él dijo de uno que, cuando se le ordenó ir a trabajar en la viña, respondió: «Sí, Señor, voy. Y no fue» (Mateo 21:30). Según lo veo, la verdadera prueba no es necesariamente de credo o conducta, sino la motivación propia –no lo que uno hace, sino el porqué lo hace. Dios está interesado en la motivación. Al intérprete de la ley él le dijo: «Amarás al Señor tu Dios con todo tu corazón, y con toda tu alma, y con todas tus fuerzas, y con toda tu mente, y a tu prójimo como a ti mismo» (Lucas 10:27).

Y más allá de la motivación está el costo. ¿Por qué querría alguien pagar tan alto precio por tal estilo de vida? Esa es una decisión que cada hombre debe tomar. ¿Queremos realmente servir a Cristo lo suficiente para pagar el precio que El pide? Cada uno deberá considerar ese costo. Jesús dijo a sus seguidores: «Si alguno quiere venir en pos de mí, niéguese a sí mismo, tome su cruz cada día, y sígame. Porque todo el que quiera salvar su vida, la perderá; y todo el que pierda su vida por causa de mí, éste la salvará» (Lucas 9:23–24).

Como pueden ver, no es un simple desafío, y no pide nada fácil cuando El demanda nuestra inquebrantable lealtad. Jesús dijo: «Si alguno viene a mí, y no aborrece a su padre, y madre, y mujer, e hijos, y hermanos, y hermanas, y aun también su propia vida, no puede ser mi discípulo. Y el que no lleva su cruz y viene en pos de mí, no puede ser mi discípulo» (Lucas 14:26–27).

Esta no es una decisión fácil, pero es una decisión correcta. Los hombres que conozco, que sirven, aman y buscan a Cristo, quieren hacer su voluntad por encima de todo lo demás.

El distintivo del discipulado cristiano no es un prendedor en la solapa, una cruz alrededor del cuello, un letrero pegado al parachoques, ni siquiera la membresía en una iglesia. Es un estilo de vida, una identificación con las palabras, la vida y la misión de Jesús. Es un compromiso no sólo con una causa y un credo, sino también con un estilo de vida que lleve la cruz y que exige nuestras mismas almas.

Hay un llamado urgente en este día a una lealtad total de una vez por todas a la misión de Cristo, un compromiso hacia su persona y mensaje que nunca muera. Debido a que vivimos en un momento de seguidores volubles, adoradores de clima agradable, y santos adormecidos, es vital que aprovechemos toda oportunidad que podamos para proclamar que no es fácil ser un cristiano –nunca lo ha sido y nunca lo será. Por eso, necesitamos un compromiso renovado de parte de los que llaman Señor a Jesús, para ponernos en pie y ser contados sin que importe el costo.

Cuando era un joven ministro me dieron un libro devocional escrito por el ex capellán del senado de los Estados Unidos, doctor Richard Halverson. Un día leí algo de lo que había escrito en el libro A Day at a Time (Un día a la vez), subtitulado como «La enfermedad al final del camino»:

«–el síndrome del hombre que ha llegado y descubre que no está en ningún sitio. Ha logrado sus metas, y encuentra que no son lo que había esperado. Sufre la desilusión de las promesas que se han agotado– ¡la paga con su violenta reacción! Tiene todas las cosas que el dinero puede comprar y encuentra satisfacción decreciente en todo lo que tiene. Está saciado pero insatisfecho. Se ha convertido en una vasija vacía. ¡Se encuentra en la tierra de las úlceras y de los ataques cardíacos, alcoholismo, divorcio y suicidio! Sufre de la "neurosis del vacío". Es el hombre que ha conquistado enorme éxito en los negocios y ha fallado patéticamente en el hogar. Es un gran hombre con los muchachos en la oficina, y una gran farsa con sus hijos. Es un símbolo de prestigio en la sociedad y un impostor con su familia. "La enfermedad al final del camino", la enfermedad peculiar de una cultura afluente y sin Dios.»

¿Cuál es la respuesta? La cura para todo esto es Jesucristo. El está disponible en cualquier momento, en cualquier lugar y para cualquier ser humano.

Usted –a través de Jesucristo– es la cura. Es la respuesta a la plegaria que rodea nuestros hogares e iglesias. «Bienaventurados los que tienen hambre y sed de justicia porque ellos serán saciados» (Mateo 5:6). Ese es usted, mi amigo. Por favor, no nos defraude. Por favor, no defraude a nuestro Padre celestial. ¡Usted vale mucho!

El hombre y su iglesia

Evaluación personal

Califíquese en los dos aspectos siguientes en una escala del 1 al 10, siendo «pésimo» el 1, y «perfecto» el 10:

1. Yo, y otros hombres de mi iglesia honramos regularmente a nuestro pastor_____
2. Oro diariamente por mi pastor_____

La siguiente lista de verificación por H.B. London le ayudará a evaluar su participación en la iglesia. Conteste cada pregunta escogiendo entre «siempre», «a veces» o «nunca».

Siempre	A veces	Nunca	
_____	_____	_____	• ¿Pertenece usted a una iglesia donde se cree y se enseña la Biblia?
_____	_____	_____	• ¿Asiste regularmente a la iglesia?
_____	_____	_____	• ¿Utiliza sus dones espirituales para el fortalecimiento del Cuerpo?
_____	_____	_____	• ¿Diezma de sus ingresos (10%)?
_____	_____	_____	• ¿Evangeliza y anima a otros a asistir a la iglesia y aceptar a Jesucristo como el Señor?
_____	_____	_____	• ¿Se considera a sí mismo un hombre que anima al pastor?
_____	_____	_____	• ¿Sirve como pacificador dentro de la congregación?
_____	_____	_____	• ¿Mantiene un estilo de vida cristiana en firme presencia de su familia?
_____	_____	_____	• ¿Trata de llevar una vida de disciplina y autocontrol (lo que lee, escucha, ve, y sobre lo que habla)?
_____	_____	_____	• ¿Lleva una vida de regocijo?
_____	_____	_____	• ¿Pasa tiempo valioso en oración a Dios y en estudio bíblico?

Revise sus respuestas. Basado en lo que ve, complete la siguiente frase: En lo que respecta a mi compromiso con la iglesia, necesito...........

Evaluación en grupo

1. Informe la actividad que planeó hacer con su esposa o familia: ¿Qué decidió hacer? ¿Cómo resultó? (Cada miembro debe hacerlo.)
2. ¿Qué sigue? ¿Cómo puede usted continuar mejorando su matrimonio y vida familiar? (Opcional: considere el hacer otra actividad en esta área la próxima semana.)

3. Revise su evaluación personal. Dígale al grupo su conclusión respecto a su compromiso en su iglesia. Basado en esa conclusión, ¿qué medidas necesita tomar? (Cada miembro debe hacerlo.)
4. ¿Cómo puede honrar a su(s) pastor(es)? Como grupo, piense en algunas maneras específicas en que podría hacerlo. Luego seleccione una que su grupo pueda llevar a cabo durante la próxima semana.
5. Cierre su tiempo orando por su(s) pastor(es).

Versículo para memorizar: «Los ancianos que gobiernan bien, sean tenidos por dignos de doble honor, mayormente los que trabajan en predicar y enseñar» (1ª Timoteo 5:17).

Tarea para la semana

1. Continúe con el plan del grupo para honrar a su pastor.
2. Opcional: Haga otra actividad diseñada para fortalecer su matrimonio o su condición de padre.
3. Lea la promesa número seis: «El hombre y sus hermanos», antes de la próxima reunión.

El hombre
y sus hermanos

Un Cumplidor de Promesas
está comprometido a llegar más allá
de cualquier barrera racial o denominacional
para demostrar el poder de la unidad bíblica.

PROMESA 6

Introducción

El Cuerpo de Cristo abarca una amplia diversidad de miembros. Hay muchas denominaciones, varios estilos de adoración y representantes de todos los estilos de vida. Esas diferencias frecuentemente producen tensión. La gente diferente a nosotros tiene la tendencia de hacer que nos sintamos incómodos. Preferiríamos permanecer cerca de los que conocemos, y que tienen un estilo con el cual nos identificamos. Pero, ¿es ése el mandato bíblico?

Esta tensión se remonta a la iglesia primitiva como se muestra en el libro de los Hechos. Inmediatamente después que Jesús dejó esta tierra, los primeros gentiles —es decir los que no eran judíos— hicieron profesiones de fe. Inmediatamente hubo tensión entre los judíos, con sus formas de adoración claramente definidas, y los gentiles, muchos de los cuales habían practicado ritos paganos en el pasado y no tenían ninguna historia de adoración al único y verdadero Dios.

Hoy día persisten tensiones similares. Lo vemos entre las diferentes razas, que raramente se unen en adoración (o en ninguna cosa más). Lo vemos entre denominaciones y persuasiones teológicas. Pero la Biblia dice que solamente hay un Cuerpo. Jesús oró que todos seamos uno. Como hombres que somos, Cumplidores de Promesas, debemos decidir superar las barreras y salir de nuestras zonas de comodidad y llegar a conocer a otros miembros de ese Cuerpo. Para muchos, esto será incómodo, pero las recompensas son abundantes.

Presentamos este tema con un capítulo escrito por Bill McCartney, fundador de Cumplidores de Promesas y entrenador en jefe del equipo de fútbol de la Universidad de Colorado. El entrenador McCartney nos explica el proceso por el cual sus ojos se abrieron a las heridas y necesidades que tenían sus hermanos negros. Y luego el Pastor Gordon England y el Obispo Phillip Porter hablan de cómo podemos tender la mano para conocer a aquellos que provienen de diferentes razas y denominaciones. El Obispo Porter y el Pastor England ponen en práctica este mensaje en sus vidas -su amistad cruza las líneas denominacionales y raciales.

Un llamado a la unidad

Por Bill McCartney

Sucedió a mediados de la década de los ochenta. Había sido el entrenador de fútbol de la Universidad de Colorado por unos pocos años, cuando un abogado negrode Denver, de nombre Teddy Woods murió a la edad de cuarenta años. En sus años universitarios, Teddy había sido un excelente estudiante y atleta en la Universidad de Colorado. Aun cuando él nunca jugó para mí, lo había conocido y supe de sus proezas e influencia en el área de Denver.

Llegué temprano al funeral y encontré un asiento al frente libre de la iglesia. Cuando el servicio comenzó, el auditorio estaba repleto. Ahora, tenga en mente que no conocía a las otras personas, y que sólo había conocido a Teddy de paso. Yo estaba allí para dar mis condolencias, porque él había jugado fútbol para la Universidad de Colorado y yo era el actual entrenador.

Lo que sucedió ese día cambió mi vida. Puede ser difícil que usted entienda esto, pero cuando me senté y comencé a escuchar la música me sentí profundamente conmovido. El canto fúnebre de la congregación, en su mayoría de la raza negra, expresaba un nivel de dolor que no había visto ni sentido antes. Al mirabar de lado a lado la multitud, me di cuenta de que su dolor por la pérdida de Teddy Woods estaba sacando a relucir un dolor aun más profundo. Esto no era sólo un funeral; era también una reunión de creyentes heridos que habían sufrido por mucho tiempo.

En respuesta, empecé a llorar inconteniblemente. Traté de ocultar mis lágrimas, temiendo que alguien me viera y se diera cuenta de que conocía sólo superficialmente a Teddy Woods. Pensé que podrían acusarme de querer destacarme para ganar aprobación en los barrios pobres —un truco de reclutamiento. Sin embargo, no podía contener las lágrimas. El llanto de dolor y los gemidos excedieron todo lo que había experimentado. Nunca he vuelto a ser el mismo desde entonces.

Por primera vez había estado en contacto con el dolor, la lucha, la desesperación y la angustia de la gente de la raza negra. Atónito por esa experiencia, sentí un gran deseo de entender lo que había observado. También quise encontrar lo que había sentido mi espíritu. Aunque en Boulder, la ciudad donde vivo, 98% de la raza blanca, trabajo con atletas y colegas negros diariamente. Visito los hogares de muchas familias de color durante la temporada de reclutamiento cada año. Y tuve la sensación de que Dios me estaba llamando a tener un entendimiento más profundo de sus vidas, algo que tendría una gran influencia en mí, tanto en lo personal, como en mi función como líder de los Cumplidores de Promesas.

Por lo tanto, empecé a interrogar a la gente de la raza negraque había conocido por años. Me sorprendió que a pesar de las grandes diferencias en sus edades y lugares donde habían crecido, todos ellos se identificaban directamente con el dolor que había sentido en la iglesia ese día. Contaban historias sobre experiencias dramáticas y ejemplos diarios de las injusticias que enfrentan como americanos de color.

Un pastor negro, por ejemplo, me contó de una balacera de pandillas en la cual había resultado muerto un niño inocente de doce años de edad. El niño y su familia eran participantes activos de su iglesia. Cuando las noticias de la muerte del muchacho se difundieron, el pastor casi se desmayó del dolor, tan grande fue su sufrimiento. Muchos líderes negros llamaron o escribieron para expresar sus condolencias y ofrecer oraciones, algunos desde muy lejos. Sin embargo, los líderes blancos de la localidad no hicieron ningún esfuerzo para expresar sus condolencias. Esto le había dado al pastor la clara impresión de que a ellos el asunto no les importaba.

Un buen amigo que no es cristiano me dijo claramente por qué no cree en el «Dios del hombre blanco». Cuando era niño en el sur del país supo que no era bienvenido en la iglesia de blancos que estaba en la esquina. Se paraba afuera, cerca de una ventana, y escuchaba al predicador hablar todo el tiempo acerca del amor, sabiendo que no había amor para él en esa iglesia.

En una ocasión, este mismo amigo fue testigo de una reunión del Ku Klux Klan, en la cual el orador sostenía la calavera de un mono y decía que era una réplica exacta de la cabeza de un hombre de la raza negra. ¿Puede imaginar la ira mezclada con temor que mi amigo sintió aquella noche? ¿Puede entender por qué esa noche permanece tan real y profunda en su memoria?

La noche anterior al segundo juego de la Universidad de Colorado de la temporada de fútbol de 1993, estábamos en Texas preparándonos para competir contra Baylor la siguiente tarde. Para ayudar a que los muchachos se relajaran, había hecho arreglos para que nuestro equipo viajero viera esa noche la pelea por el campeonato mundial de box entre Whitaker y Chavez. El récord de Chávez era 88-0. Whitaker, un hombre de la raza negra, había peleado la mitad de veces con sólo una derrota.

Setenta de nosotros estábamos reunidos en una pequeña habitación para ver la pelea. Aproximadamente la mitad eran negros. Me senté atrás y observé a mis jugadores de cerca. Prácticamente todos los muchachos negros estaban a favor de Whitaker, los blancos parecían divididos entre Whitaker y Chávez. Los jugadores de color estaban claramente más animados, a menudo gritaban y saltaban, mientras los blancos estaban generalmente más tranquilos. Me intrigó la diferencia cultural.

Whitaker parecía tener el control durante todo el combate, y los comentaristas de televisión hablaban de su gran margen una y otra vez. Aun cuando los dos boxeadores estaban todavía de pie cuando la pelea terminó después de doce asaltos, parecía claro quién sería el ganador. Todos estábamos seguros de que Whitaker le había dado a Chávez su primera derrota.

Sin embargo hubo una demora en sumar las tarjetas de los jueces. Los comentaristas de televisión decían: «¿Podrían ellos de alguna manera concederle la victoria a Chávez? Seguramente no.

Hubo silencio en nuestra habitación. Se podía sentir que los jugadores negros empezaban a temer lo peor. Y cuando el anunciador del cuadrilátero dijo que la pelea era un empate —no había ganador— no hubo protestas en nuestras filas. Todos desfilaron de la habitación silenciosamente. El sentimiento era claro en los ojos y en el lenguaje corporal de nuestros jóvenes negros: injusticia otra vez. El combatiente negro tiene que noquear a su oponente para poder ganar —nunca tendrá el beneficio de ganar por decisión.

También existe el claro caso de uno de mis entrenadores asistentes en la Universidad de Colorado. Este es un hombre inteligente, talentoso, un buen maestro del juego, un hábil reclutador. En resumen, tiene todas las cualidades para tener éxito como entrenador en jefe. Desde un punto de vista egoísta, me gustaría que él permaneciera precisamente donde está, porque es un amigo y es una tremenda ventaja tenerlo en nuestro programa. También sé que si fuera a otra universidad como entrenador en jefe, ¡su equipo derrotaría muchas veces al mío!

Sin embargo, la verdad es que nadie le ha ofrecido a él un trabajo de entrenador en jefe. ¿Por qué? Porque es negro. No hay ninguna duda en mi mente que si fuera blanco, él habría sido un entrenador en jefe en alguna otra parte desde hace muchos años atrás.

El llamado a la unidad

¿Por qué les cuento estas historias, porque espero que usted sienta al menos un poco de lo que siento? ¿Por qué el tema de la reconciliación racial (y denominacional) es tan importante para el Cumplidor de Promesas, que le estamos pidiendo hacer un compromiso con esto? Permítame explicarlo de dos maneras.

Primero, el asunto es vital porque la Biblia revela claramente que es la voluntad del Dios todopoderoso que su pueblo esté unido. Jesús le dijo al Padre: «Mas no ruego solamente por estos, sino también por los que han de creer en mí por la palabra de ellos, para que todos sean uno; como tú, oh Padre, en mí, y yo en ti, que también ellos sean uno en nosotros; para que el mundo crea que tú me enviaste/... Para que sean perfectos en unidad, para que el mundo conozca que tú me enviaste, y que los has amado a ellos como también a mí me has amado» (Juan 17:20,21,23).

El Apóstol Pablo escribió, «Porque por un solo Espíritu fuimos todos bautizados en un cuerpo» (1ª Corintios 12:13).

Cuando la Iglesia del Nuevo Testamento luchaba con la amenaza de división entre creyentes judíos y gentiles —dos grupos raciales que generalmente se despreciaban el uno al otro en ese tiempo y en ese lugar— Pablo escribió la siguiente explicación en Efesios 2:13-16:

> «Pero ahora en Cristo Jesús, vosotros que en otro tiempo estábais lejos, habéis sido hecho cercanos por la sangre de Cristo. Porque él es nuestra paz, que de ambos pueblos hizo uno, derribando la pared intermedia de separación, aboliendo en su carne las enemistades, la ley de los mandamientos expresados en ordenanzas, para crear en sí mismo de los dos un solo y nuevo hombre, haciendo la paz, y mediante la cruz reconciliar con Dios a ambos en un solo cuerpo, matando en ella las enemistades.»

Si entiendo correctamente esos pasajes y otros como ellos, las divisiones no deberían existir entre cristianos. Pero sabemos que ese no es el caso. Estamos divididos por líneas raciales y denominacionales.

La segunda razón por la que la reconciliación es tan importante para los Cumplidores de Promesas surge de un incidente que ocurrió en una de nuestras primeras conferencias, en 1991. «Sólo» cerca de 4.000 de nosotros nos reunimos ese año, pero ya habíamos tenido la visión llenar el Estadio Folsom Field con 50.000 hombres, en un futuro cercano. Cuando me levanté para hablarles a los hombres al final de esa conferencia, observé la multitud y noté que era casi exclusivamente blanca. La ausencia de hombres de otras razas repentinamente me impactó, y en ese momento, el Espíritu de Dios le dijo claramente al mío: «Tú puedes llenar ese estadio, pero si no hay allí hombres de otras razas, tampoco yo estaré allí».

Ese mensaje, el cual ha sido confirmado de varias maneras a todos los líderes de los Cumplidores de Promesas, fue el inicio de nuestro entendimiento, de que la construcción de puentes por encima de las divisiones que actualmente separan a los creyentes, es una parte importante de por qué Dios nos llamó a fundar una organización. Esta puede ser nuestra misión más difícil, pero estoy convencido de que es esencial.

¿Qué sucedería si los Cumplidores de Promesas comienzan a pasar sobre las líneas raciales y denominacionales? Una fuerte posibilidad sería el inicio de un avivamiento en América. Como verá, creo que el racismo y las divisiones denominacionales han hecho más que casi cualquiera otra cosa por dañar el testimonio de la Iglesia hacia el mundo. Mucha gente de color, como el amigo que mencioné anteriormente, se ha alejado totalmente del Dios que proclamamos, debido a nuestra obvia falta de amor. Aun los blancos que no son creyentes creyentes saben que se supone que los cristianos deben amar y que frecuentemente fallamos en hacerlo. Esta es la razón por la qué estoy convencido de que el avivamiento no puede tener lugar, hasta que la Iglesia se una mucho más, en obediencia al mandato de Dios.

Por otro lado, estoy igualmente convencido de que si tomamos en serio esta promesa y comenzamos el proceso de reconciliación, cosas increíbles serán posibles para el reino de Dios. Retroceda en la historia y piense en los primeros días de la Iglesia, registrados en Hechos 2. La Iglesia nació el día de Pentecostés, cuando gente de muchos países, culturas, y (sin duda) razas oyeron el evangelio en sus propios idiomas y creyeron en el Señor Jesús. Luego, leemos comenzando en el versículo 42, que aquellos cristianos nuevos se reunían regularmente para comer juntos, tener compañerismo, orar y adorar a Dios. Aquellos que tenían posesiones las daban gozosamente y con sacrificio para llenar las necesidades de los que no tenían. ¿Y cuál fue el resultado de esta demostración de unidad en amor? La iglesia tenía «favor con todo el pueblo. Y el Señor añadía cada día a la iglesia los que habían de ser salvos» (v. 47).

Imagínese cómo respondería el mundo a una Iglesia que fuera verdaderamente *una* en Espíritu. Por supuesto que enfrentaríamos alguna oposición. Después de todo, el racismo está fuertemente mantenido por Satanás. Es una de sus mejores instrumentos para sembrar el odio y minar la obra de la iglesia, y él no se dará por vencido fácilmente. Pero muchos miles —tal vez millones— serían atraídos por tal compañerismo, como una demostración del poder del amor de Dios, como sucedió hace 2.000 años.

Imagínese lo que una iglesia unida podría hacer frente al problema de las pandillas en nuestro país; con la necesidad que tienen los jóvenes que viven en hogares de un solo padre, de tener modelos a imitar, héroes y esperanzas positivas para un mejor mañana; con la falta de oportunidades para empleo y educación que tienen ciertos segmentos de nuestra sociedad. Creo que la clase de unidad en el Cuerpo de Cristo de la que estamos hablando podría desencadenar el fantástico potencial que Dios nos ha dado para hacer una diferencia positiva que nadie más tiene la posibilidad de realizar. La unificación del pueblo fiel a Dios de todas las razas en vez del racismo sería un innegable testimonio de su gracia.

Ahora bien, no tengo la intención de sugerir que todas las diferencias culturales y los distintivos denominacionales vayan a desaparecer. Lo que sé es que el Dios todopoderoso quiere juntar a los hombres cristianos, sin consideración de su orígen étnico, fondo denominacional o estilo de adoración. Sólo hay un requisito para esta clase de unidad: amar a Jesús y ser nacido del Espíritu de Dios. Podemos mirarnos el uno al otro a los ojos —negros, blancos, morenos y amarillos, bautistas, presbiterianos, asambleas de Dios, católicos, y así sucesivamente— y ponernos de acuerdo en este concepto común: «¿Creemos en la salvación sólo a través de Cristo, y lo hemos hecho a El el Señor de nuestras vidas?» ¿No es ésa la realidad central, unificadora de nuestra existencia? Y si es así, ¿podríamos centrarnos en eso y llamar hermano a cada cual, en vez de hacer siempre énfasis en nuestras diferencias?

¡Hombres, tenemos que unificarnos en esto!

El pecado del racismo

Tal vez usted mire al asunto del racismo y las divisiones denominacionales y diga: «¡Yo no soy así! No odio a nadie, y no tengo la culpa de los problemas de la gente de otras razas». O, «No puedo ser responsable de lo que sucedió hace cientos de años. Yo no estaba ahí». Si ese es el caso, permítame pedirle que piense de nuevo sobre el tema de dos maneras.

Primero, tómese el tiempo y haga el esfuerzo para examinar su corazón *en oración*. En la presencia de Dios, hágase preguntas como éstas: «¿De verdad no me considero mejor que otras personas de una o más razas —más inteligente, creativo, honrado, mejor trabajador, moral, digno de confianza? ¿Cómo me sentiría si una familia de las minorías se sentara junto a mi en la iglesia, invitara a mi familia a un refrigerio en un parque público, o que se mudaran a la casa vecina? ¿Cómo reaccionaría si mi maestro de Escuela Dominical o el profesor de mi hijo fuera una persona de otra raza? ¿Qué pasaría si mi nuevo jefe fuera una persona de color? ¿Cómo respondería si mi hijo se casara con alguien de otra raza?»

Hágase tales preguntas, teniendo en mente estas palabras dadas por el Espíritu Santo de Dios, a través del Apóstol Juan: «Si alguno dice: yo amo a Dios, y aborrece a su hermano, es mentiroso. Pues el que no ama a su hermano a quien ha visto, ¿cómo puede amar a Dios a quien no ha visto? Y nosotros tenemos este mandamiento de él: El que ama a Dios, ame también a su hermano» (1ª Juan 4:20-21).

Mientras abre su corazón en la presencia de Dios, trate con cualquier huella de racismo que encuentre allí, de acuerdo con 1ª Juan 1:9, y pídale a El empezar el proceso de cambio en su mente y corazón.

Segundo, aun si usted tiene una conciencia limpia delante de Dios con respecto al racismo, hay un principio bíblico que dice que nosotros llevamos algo de responsabilidad por los pecados sin arrepentimiento, de nuestros antepasados. Permítame explicar.

El Antiguo Testamento muestra claramente una continuidad del trato de Dios con su pueblo, generación tras generación. Esto puede ser bendición sobre bendición, o juicio por un período prolongado de años, incluso en varias generaciones.

Segunda de Samuel 21, por ejemplo, muestra cómo Dios llamó a cuentas a Israel bajo el reinado de David por una violación de integridad bajo el rey Saúl, antecesor de David. Saúl había roto un pacto con Dios por al no concederles la vida a los gabaonitas después que él e Israel habían jurado hacerlo, y la generación de David sufrió el juicio: «Hubo hambre en los días de David por tres años consecutivos. Y David consultó a Jehová, y Jehová le dijo: es por causa de Saúl, y por aquella casa de sangre, por cuanto mató a los gabaonitas» (v. 1).

Lo que hizo Saúl fue un paralelo directo a una «limpieza étnica» en nuestro día (la limpieza étnica es el racismo sin las retribuciones de la ley). Debido a su pecado, Dios juzgó a Israel con una prolongada hambre por tres años. Fue necesario el reconocimiento de ese pecado y la restitución a los gabaonitas sobrevivientes antes que el juicio fuera levantado. «Y Dios fue propicio a la tierra después de esto» (v. 14).

En otro relato bíblico, Daniel intercedió ante el Señor en oración y ayuno porque entendió que Jerusalén sufriría desolación por setenta años por los pecados de su generación y las generaciones de sus antepasados (lea Daniel 9:4-19). En el versículo 16 dijo: «A causa de nuestros pecados, y por la maldad de nuestros padres, Jerusalén y tu pueblo son el oprobio de todos en derredor nuestro».

La mayoría de los norteamericanos viven con una mentalidad de «el ahora solamente». Pero las culturas históricas del mundo presentan una alternativa radical a esta forma de pensar y nos ayudan a entender el principio bíblico del pecado generacional. Los chinos, por ejemplo, tienen la tendencia a mirar detenidamente su historia. Para ellos, las cosas cambian lentamente. Ven sus propias vidas ligadas integralmente a su historia nacional étnica alcanzando milenios. Los europeos critican a los americanos por no conocer la historia del mundo, y aun de su propia historia.

No sólo tenemos la tendencia a ignorar los principios bíblicos aquí involucrados, sino que tampoco nos gustan. Esto no nos parece justo por nuestra manera de pensar altamente individualista. Pero Dios no está atado por nuestra idea de lo que es justo, y los principios bíblicos siguen vigentes.

Hace menos de siglo y medio, los antepasados de nuestras hermanas y hermanos negros contemporáneos fueron tratados como animales infrahumanos, como propiedad para ser encadenados y azotados, comprados y vendidos, por muchos de nuestros antepasados blancos. ¿Nos hemos arrepentido de ese pecado, hasta un punto significativo, en la iglesia compuesta por blancos? No, no lo hemos hecho. Nos hemos opuesto a muchos otros males sociales, pero no nos hemos opuesto al racismo llamándolo por su nombre: ¡pecado! Hemos sido divididos por el racismo, guardando silencio, o a lo máximo mostrando una resistencia mínima.

Debiéramos sentir una profunda convicción en nuestras almas por este pecado. El daño es incalculable. El precio pagado también ha sido sin medida. Deberíamos caer sobre nuestras rodillas ante el Dios Todopoderoso en arrepentimiento.

Porque Dios nos reconcilió consigo mismo a través de su único Hijo, Jesucristo, *debemos reconciliarnos* con nuestros hermanos cristianos de diferentes razas, culturas y denominaciones. Vamos a derribar las paredes que nos separan para que podamos demostrar el poder de la unidad bíblica basada en lo que tenemos en común: Nuestro amor por Jesús, y nuestra unión a través de El. Viviremos para un propósito: traer gloria al nombre de Jesucristo, y cumplir los deseos del corazón de Dios.

Primeros pasos

Fuera de Jesucristo no conozco manera alguna de alcanzar esta reconciliación. Sólo su Espíritu puede derribar las paredes que separan a los cristianos. Mateo 22:37-40 resume nuestra estrategia: «Amarás al Señor tu Dios con todo tu corazón, y con toda tu alma, y con toda tu mente. Este es el primero y grande mandamiento. Y el segundo es semejante: Amarás a tu prójimo como a ti mismo. De estos dos mandamientos depende toda la ley y los profetas [o sea, todo el Antiguo Testamento]». Ame a Dios y ame a su prójimo. Eso es lo principal. En las palabra de Pablo:

«No debáis a nadie nada, sino el amaros unos a otros; porque el que ama al prójimo, ha cumplido la ley. Porque: no adulterarás, no matarás, no hurtarás, no dirás falso testimonio, no codiciarás, y cualquier otro mandamiento, en esta sentencia se resume: Amarás a tu prójimo como a ti mismo. El amor no hace mal al prójimo; así que el cumplimiento de la ley es el amor» (Romanos 13:8-10).

El amor bíblico y la unidad no cuestan poco. Requieren que demos nuestras vidas por nuestros amigos (lea Juan 15:13), dejemos nuestro egocentrismo y agrandemos nuestro círculo de entendimiento para que podamos apreciar la historia y las experiencias de otro. Demanda que seamos buenos oyentes y compartamos el dolor de aquellos que han sido abusados en el pasado. Nos obligan a buscar el perdón por los pecados de nuestros padres y por la misma opresión racial que continúa hasta hoy. Requiere que soportemos confrontaciones y crisis hasta que establezcamos confianza el uno en el otro.

Esta clase de amor significa que nos juntamos en nuestra pobreza común, debilidades y pecados comunes para recibir las riquezas de Dios, fortaleza y gracia —juntos. Significa que nosotros le permitimos a Dios reemplazar nuestros prejuicios personales con su perspectiva.

Nos impulsa a aceptar el valor esencial de cada persona, entendiendo que nos necesitamos el uno al otro para estar completos:

«Pero Dios ordenó el cuerpo, dando más abundante honor al que le faltaba, para que no haya desaveniencia en el cuerpo, sino que los miembros todos se preocupen los unos por los otros. De manera que si un miembro padece, todos los miembros se duelen con él, y si un miembro recibe honra, todos los miembros con él se gozan» (1ª Corintios 12:24-26).

Si nuestros corazones están bien delante de Dios, y nuestro motivo es el amor, El nos mostrará el camino. El plan que estoy proponiendo comienza con oración. Luego requiere una genuina y real relación con hermanos de diferente herencia étnica y denominacional.

1. Ore

¿Puede usted imaginarse lo que podría suceder si cada iglesia en los Estados Unidos identificara a una persona clave para dirigir una cadena de oración en esa congregación? Lo desafío a empezar, haciendo de eso una meta en su iglesia, y a orar por lo siguiente:

Primero, ore para que su pastor vea a través de la oscuridad de una iglesia dividida, hacia la luz de un Cuerpo de Cristo unificado. Ore que él se dirija al problema del racismo enérgicamente, y conduzca a su congregación al arrepentimiento.

Segundo, ore porque los corazones en su congregación se ablanden. Ore para que ellos lleguen a saber más sobre el pecado de racismo, y comiencen a llevar la carga de dolor que sus hermanos y hermanas de otras razashan soportado. Ore que este esfuerzo sea algo continuo y no una actividad que se haga una sola vez.

Tercero, ore para que su comunidad encare el problema del racismo. Las ciudades y barrios bajos necesitan recursos que ayuden a sacarlos de la apatía total. Necesitamos deshacer las pandillas. Todo esto es posible, porque Jesús quiere hacerlo. Los hombres piadosos deben estar apasionados con una determinación justa de hacer enmiendas. La sociedad lo intenta en vano. Los esfuerzos del gobierno están perdiendo terreno. La derrota destruye las mejores ideas de la especie humana. Que cada iglesia pueda clamar al unísono para que el corazón y la respuesta de Dios traigan la reconcialiación. Que nuestros guerreros de oración puedan trabajar horas extras. Que el pulso del Cuerpo de Cristo se acelere y no descanse hasta que veamos cambios. Que esto comience con usted y conmigo.

2. Dedíquese a establecer amistades con hombres cristianos de diferentes razas y denominaciones

Nuestros corazones no sufrirán por nuestros hermanos, hasta que no entremos en relación con ellos. Sugiero que usted comience estableciendo grupos de hombres que estén comprometidos a vivir como Cumplidores de Promesas. Encuentre por lo menos otras dos personas de su iglesia que compartan esta visión. Desde allí, mire alrededor y busque unos pocos hermanos de diferentes antecedentes denominacionales y étnicas, con quienes pueda comenzar a edificar una relación de confianza y honor.

Podría encontrar esos hombres en un desayuno local de Cumplidores de Promesas, en el trabajo, en el gimnasio, en su vecindario, o mientras usted y ellos sacan a pasear sus perros o juegan con sus hijos.

Los hombres pueden ser de una o varias iglesias. Puede reunirse en grupos en el trabajo, en un restaurante, en una iglesia, o en un hogar. Mantenga su agenda sencilla. Comparta el discernimiento y la sabiduría de las páginas de la Biblia. Entienda el dolor y las victorias de los unos y los otros. Y oren los unos por los otros.

Haga un esfuerzo concertado para ir más allá de la superficie en esas relaciones. Déjeme explicarle por qué eso es tan importante. Conozco dos individuos, uno negro y otro blanco, que son casi inseparables. Uno puede verlos juntos en cualquier día. Trabajan juntos. Se ríen y bromean. Se demuestran afecto. Cantan y armonizan. Declaran ser los mejores amigos.

Un día mientras estaba con ellos, le pregunté al hombre negro:

—¿Le ha dicho alguna vez a su mejor amigo, cómo usted realmente se siente por ser negro? ¿Le ha hablado del dolor y resentimiento y de la hostilidad que siente en el fondo de su espíritu hacia el hombre blanco?

—No —dijo.

—¿Es verdad que siente eso? —pregunté.

—Sí —respondió.

Esos dos amigos iban por un buen camino. Sin embargo, hasta que a un hombre no le duele lo que le duele a su hermano, no se conocen verdaderamente el uno al otro. ¿Cómo puede usted orar por alguien, si no conoce su dolor más profundo? Cuando conoce su dolor tendrá una verdadera relación.

Como dijo un misionero: «No sé como amar al pobre, salvo uno por uno». Podemos poner en práctica esta misma enseñanza para vencer la hostilidad y la división en el Cuerpo de Cristo —una relación a la vez. ¡Pero cuidado! Si un hombre de otra raza no confía enseguida en usted, recuerde que usted puede representar para él cientos de años de maltrato y falta de confianza. Persevere. Siga intentándolo; continúe acercándose en amor. Pida a Dios que obre en los corazones de todos los que están involucrados.

Miqueas 6:8 es un pasaje muy indicativo en la Biblia. Es lo que Dios nos pide: «Hacer justicia, y amar misericordia, y humillarte ante tu Dios». Suena simple. Sin embargo, cuando analicé este versículo, descubrí que significaba algo enteramente diferente a lo que originalmente había pensado. «Hacer justicia» significa ver la necesidad en otros y responder a ella. «Amar misericordia» siempre triunfa sobre el juicio. Y «humillarte ante tu

Dios» significa que convenimos con lo que Dios dice, en contraste con lo que el hombre dice.

Dios requiere que veamos la necesidad en nuestros hermanos y respondamos. Si lo hacemos, su mismo corazón irá con nosotros.

Tomando el siguiente paso

Por Phillip Porter y Gordon England

¿Cómo se sintió usted después de leer lo que el entrenador McCartney escribió en el capítulo anterior? ¿Enojado? ¿Incómodo? ¿Inseguro sobre lo que hay que hacer? El hizo un fuerte llamado.

¿Por qué los Cumplidores de Promesas seleccionaron las «barreras raciales y denominacionales» cuando enfocaron la unidad cristiana? La razón principal es nuestro sentir de que el Señor nos dirige a aceptar esta verdad. Debemos ser obedientes.

Solos no podemos cambiar mucho; usted tampoco puede. Pero juntos, con un millón de otros hermanos —Cumplidores de Promesas comprometidos— podemos influenciar en una nación. Podemos demostrar que lo que la historia, los procesos políticos y el sistema legal no han podido hacer; puede ser logrado a través de la fe, la obediencia, el arrepentimiento y la unidad en Jesucristo.

El Cuerpo de Cristo es diferente de la cultura en general. El sistema del mundo no está diseñado para conformarse a la voluntad de Dios. Como ciudadanos de todas las razas, deberíamos anhelar respeto, dignidad y oportunidad para unos y otros. Pero el Cuerpo de Cristo es llamado a una norma más elevada —no simple tolerancia, sino amor como el que Cristo tiene por usted.

Considere esto: Quienquiera que ama a Dios debe también amar a su hermano (lea 1ª Juan 4:19-21). La Biblia es clara en cuanto a esto. ¿Qué significa? ¡Podríamos decir que en realidad es imposible amar a Jesucristo más de lo que amamos a la persona que menos amamos! Ahora, ese es un pensamiento que nos hace reflexionar.

Tal vez nuestra propia experiencia lo animará. Los dos estamos en el ministerio en el área de Denver. Phil como un obispo en su denominación,

Gordon como pastor de una iglesia que está en una zona residencial. Sin embargo, nunca nos habíamos conocido antes de haber asisitido a una reunión planificadora para un «concierto de oración». Durante nuestra discusión se le pidió a Phil, un hombre de color, dar su testimonio. El n os contó sobre su llegada al sur de Colorado para tomar un empleo como trabajador social en 1959. El estaba recién egresado de la Phillips University en Oklahoma, con una carta que confirmaba su empleo. Pero quien lo contrató se quedó tremendamente asombrado cuando él llegó. La agencia no sabía que Phillips tenía estudiantes negros. «¡No hay trabajo aquí para usted!» se le dijo. Demasiado herido y avergonzado para regresar a Oklahoma, Phil abordó un autobus para Denver, donde consiguió trabajo como cocinero para sostener a su familia.

Gordon, quien es blanco, había conocido a muchos hombres negros, pero nunca había conocido a una persona con la madurez de Phil, quien con abatida honradez, había expuesto tal dolor, pero con espíritu de amor. Cuando Phil terminó su testimonio, lo único que a Gordon le pareció apropiado fue pedir disculpas por ese mal y pedir perdón en nombre de aquellos de su raza que habían pecado contra Phil. La reunión terminó en lágrimas y oración, y había empezado a forjarse una hermandad entre ambos.

¿Importa realmente que los hombres cristianos traten de estar unidos? Pensamos que la importancia queda establecida en la oración de Jesús en Juan 17: aquellos que son suyos *deben* ser uno, así como Dios el Padre, y Jesús el Hijo, son uno. Esa es la unidad, según dijo Jesús, que mostrará la realidad del amor de Dios al mundo.

Como alguien dijo, la idea de la unidad es crear una ensalada, no un estofado. Dios hizo un mundo compuesto por gente diferente, aun dentro de los mismos grupos denominacionalesy étnicos. Género, edad, personalidad, habilidad, características físicas, apariencia, talento, e intereses no son sino unos pocos de los puntos específicos de diversidad.

Algunas personas dicen que no ven el color. Pero a menos que sean ciegas probablemente están tratando de parecer amables, y lo que realmente quieren decir es que para ellas la raza no tiene importancia. En todo caso, están equivocadas. Por ejemplo, los autores de este capítulo, Phil Porter y Gordon England son diferentes racialmente. Los dos son buenos, singulares, pero con toda claridad ellos *no* son iguales. Sin embargo cada uno le añade sabor al cuerpo de Cristo. Lechuga, tomate, pepinos, y pimientos son diferentes en apariencia, sabor y textura, pero todos son buenos cuando están juntos en una ensalada. Si esto es difícil de aceptar, durante un mes licue toda su comida y conviértala en una sola cosa; así captará lo que tratamos de enseñarle.

Entonces, ¿qué debemos hacer? Si estamos convencidos de que Dios desea la unidad entre todos los creyentes, cada uno de nosotros necesita alcanzar a los hermanos de diferentes antecedentes denominacionales o étnicos. El entrenador McCartney ha delineado el mandato bíblico y ha lanzado el desafío. ¿Cómo lo haremos? He aquí cuatro sugerencias.

1. Las relaciones con los hermanos comienzan en el corazón.

Alcanzar a otros comienza con la convicción que nos da el Espíritu de Dios, del pecado en nuestras actitudes y conductas. El pecado no es un rasgo exclusivo de una raza u otra. Probablemente todos, en algún momento, hemos experimentado odio, actitudes malas, o incluso la emoción viciada de sentirnos de algún modo mejores que otros. Eso tiene que ser confrontado. Reconózcalo, admítalo, confiéselo al Señor. Luego confiéselo a alguien contra quien específicamente haya pecado.

Gordon no *tenía* que pedirle perdón a Phil el día que se conocieron. Gordon no había ofendido personalmente a Phil hacía treinta años, sin embargo, reconoció el dolor que le había causado esa experiencia, y con el interés de construir un puente y ayudar a sanar la herida de su nuevo amigo, tomó sobre sí la carga del dolor de Phil y le pidió perdón. Ese acto fue el principio de su amistad. Fue un acto de humildad que le abrió la puerta a la sanidad y a la amistad.

El arrepentimiento es una elección activa que cada uno puede hacer. Podemos elegir reconocer la realidad de los pecados pasados y la existencia continua de prejuicios en todos los grupos étnicos. El hecho de que otros son también «culpables» no nos libera de nuestra responsabilidad de escuchar al Señor, y de aceptar nuestra parte de culpa. Por ejemplo, yo (Gordon) fui criado en un hogar que tenía poco de la clásica intolerancia racial, pero durante los últimos cincuenta años, he oído innumerables chistes étnicos. Un pequeño porcentaje de ellos son inteligentes y graciosos, pero la gran mayoría tenían un sentido denigrante, despectivo e hiriente.

¿Qué podría motivar a los hombres a repetir tales chistes? Hay muchas otras buenas historias que se pueden contar. Debo admitir —tal vez usted también— que si uno degrada a otra persona o grupo, uno mismo se está librando de la obligación de tratarla o tratarlos bien. Pero esa no es de ninguna manera la regla de oro —tratar a otros como usted quisiera ser tratado.

Cuando era un joven negro de más o menos quince años, y vivía en

Enid, Oklahoma, yo (Phil) recuerdo una experiencia que me enseñó algo sobre el perdón. Mi padre y yo habíamos ido a un almacén de víveres que estaba un poco lejos del «distrito negro», como era llamado en ese entonces. Cuando mi padre se agachó a mirar un artículo que estaba en el estante inferior, detrás de él vino un hombre y lo pateó -¡con una pesada bota! Papá era un hombre de buena estatura, y yo ya era un boxeador bien desarrollado y de éxito. Cuando papá fue pateado, yo me sobresalté, pero esperé la reacción de él. El se enderezó lenta y deliberadamente, luego se volvió hacia el atacante, quien groseramente dijo que había querido «patear su trasero» desde hacía mucho tiempo. Sentí que me invadía la ira. Estaba listo a cuadrarme con el tipo. Después de todo, mi padre y yo estábamos juntos allí; podíamos dejar muy mal parado a ese sujeto.

Pero papá, un pastor 'pacífico', miró al tipo frente a frente y le dijo con fuerza y serenidad: «Mientras usted sea un hombre blanco, y yo sea un negro, no haga eso otra vez». Luego se volvió a mí y dijo: «¡No hagas nada! Nos vamos», y caminamos juntos hacia el automóvil. Una vez allí, papá me dijo que tipos como ese no nos veían como personas. Que eran ignorantes y tenían miedo. Nosotros podríamos enojarnos y amargarnos, o podríamos perdonarlos porque no sabían lo que estaban haciendo. Podíamos dejar en mavbnos de Dios esa herida. El tomaría la ofensa y nos dejaría libres en nuestro espíritu. Durante mis años como pastor, he reflexionado a menudo en las mismas palabras de perdón que habló nuestro salvador al referirse a sus torturadores.

El resultado del arrepentimiento, [disculpas, pedir y conceder perdón] es una relación restaurada.

2. La relación es un proceso.

El proceso de construir una relación salvando las viejas barreras es una clase de experiencia de «mayor profundidad». Sale de lo superficial, de las generalizaciones, y va a lo específico; de los sentimientos cómodos y buenos de la obediencia inicial al entendimiento, y a través de la comprensión el dolor del otro. Aceptar voluntariamente un viaje al interior del dolor ajeno parece algo masoquista o tonto, sin embargo, es el precursor de bendiciones. Así como el apóstol Juan nos invitó a identificarnos con el sufrimientos de Cristo, también prometió que compartiremos su gloria con El.

Desarrollar una relación realmente abierta y reconciliada —sea con un hombre de diferente raza, con su esposa, su hijo o cualquiera otra persona— es haber crecido personal y espiritualmente. Esta es la base de la interdependencia del cuerpo de Cristo. En contraste, al estar aislados estamos incompletos. Estamos unidos a la cabeza, Jesucristo, pero nos faltan algunos miembros del cuerpo.

Hace varios años, un amigo de Gordon sufrió un ataque de apoplejía que le paralizó el lado izquierdo del cuerpo. El dijo que era como si hubiera perdido su pierna y su brazo —en realidad tal vez era peor, porque tenía que cargarlos a todas partes aun cuando no le funcionaban, sin embargo, a través de una decidida y tenaz disciplina terapéutica y de las oraciones de la familia y de la iglesia, se restauró al funcionamiento casi total. La felicidad y la emoción de este hombre de «añadirle un brazo y una pierna» a su cuerpo era sencillamente emocionante.

La reconciliación puede traer la misma clase de gozo que experimentamos todos los miembros del Cuerpo de Cristo. Jesús modeló esto cuando «por el gozo puesto delante de El sufrió la cruz» (Hebreos 12:2).

¿Puede ser usted un constructor de puentes? Muchos Cumplidores de Promesas actualmente están haciendo esa pregunta. La respuesta es que usted puede tener una parte. Si su espíritu le dice: «¡Sí!», usted encaja en la primera categoría de constructores de puentes —aquellos que sienten compasión por otros.

Si usted no está seguro de cómo comenzar, podría hacerlo con un evento de Cumplidores de Promesas —tal vez un desayuno en el que tenga la oportunidad de conocer hombres de diferentes denominaciones y culturas en su comunidad.

Algunos de esos hombres de mi (Gordon) iglesia que está en una zona residencial y está compuesta mayormente por personas blancas, se reunen con un grupo de personas provenientes dos iglesias de los barrios pobres. Esto ha llegado a ser muy significativo para nuestros muchachos y, espero que también lo sea, para los hombres de los barrios pobres. En una de las sesiones matutinas del sábado, estábamos todavía presentándonos personalmente, hablando de nuestras familias o empleos, cuando un hombre de nuestro grupo llamado John dijo honesta y calmadamente: «Estoy tratando de aprender algunas habilidades nuevas para conseguir un trabajo». El había estado sin trabajo desde que los despidos en la industria de defensa eliminaron su empleo. Cuando dijo que estaba sin empleo, todos los individuos de los barrios pobres se volvieron hacia él. Parecía que había sorpresa e inmediato apoyo para él —sorpresa de que alguien inteligente, de apariencia profesional, y blanco pudiera estar sin empleo; y apoyo porque, aun cuando este hombre no tenía trabajo, todavía podía levantarse temprano y manejar hasta el distrito pobre de la ciudad para mostrar que deseaba ser un constructor de puentes de amistad.

El proceso de construir relaciones será más fácil si usted u otros en su grupo ya han tenido experiencias con personas de otras culturas. Esto pudo haber sido a través de un trabajo, del ejército, de los deportes o de un compañero de cuarto en la universidad. El valor de haber sido expuesto no es que hace de usted un experto cultural, pero probablemente le demuestra que otros no lo ven de la misma manera que usted se ve a sí mismo o a su cultura tradicionall. Esto le informa a usted de otros y de las inexactitudes de sus percepciones.

Viajar y vivir en otros lugares también facilita el construir puentes. Estar precisamente donde las cosas son diferentes, o ver situaciones desde un nuevo punto de vista, ayudará a que aceptemos diferentes modos de hacer las cosas (todos todos tenemos la tendencia a pensar que nuestra manera, si bien no es la única, por lo menos es la mejor).

Cuando cambiamos nuestra perspectiva, nos abrimos a la posibilidad de que nuestro mundo quizás haya sido muy pequeño. Nos damos cuenta de que nuestro prejuicio estaba infundado, o por lo menos que no estaba bien fundado. Para dirigir la construcción de puentes, necesitamos estar dispuestos a aprender y ampliar nuestros horizontes.

La habilidad de hablar otro idioma también ayudará en esto de construir puentes. Idioma y cultura no son lo mismo, pero muchos matices de la cultura se reflejan en los modismos del lenguaje. Esta es otra clave a una perspectiva ampliada. Puede también ser un instrumento para lograr una comunicación directa y provechosa en el lenguaje nativo de otra persona.

Sí, usted puede ser un constructor de puentes si está interesado en otros. Y le será más fácil si tiene alguna experiencia transcultural, si ha viajado o vivido en otros lugares, si está casado con alguien de diferente antecedente étnico, o si habla otro idioma. Jesús fue un constructor de puentes entre el cielo y la tierra —llegó a ser hombre, habló en nuestro idioma y está llamando para sí a una novia formada de todas las lenguas, naciones y tribus.

3. Desarrolle un plan.

El dicho que dice: «La gente no planea fallar; sino falla al planear» es verdad tanto para grupos como para individuos. Hacer planes es esencial en grupos, porque sin un plan es imposible compartir la visión y lograr que las personas lleguen a involucrarse en ella.

La oración es la parte más importante del plan. Las personas activistas dirían: «No se preocupen, dejen que las ancianas oren. ¡Necesitamos estar involucrados!» Pero nosotros decimos: «No tan rápido». La gente ha estado tratando de arreglar por medios naturales un problema que comenzó con el pecado. La separación y el alejamiento comienzan desde mucho antes, en Génesis 3.

¡La oración y la reconciliación son las dos necesidades más grandes de la Iglesia. La falta de oración nos roba el poder de Dios. La ausencia de reconciliación le roba a la Iglesia el poder de la unidad! Para derribar las barreras del pecado de nuestros antecesores, tanto el de racismo como el de resentimiento, necesitamos el poder de Dios. De manera que comience el plan con oración. Primero pídale a Dios que le dé vehemencia y consagración, y luego ore por convicción y arrepentimiento.

Este paso inicial lo preparará para empezar a involucrar a otros de diferentes antecedentes. Probablaemente es mejor que su grupo le extienda la mano a un sólo grupo más. ¡Tenga cuidado! No siga adelante hasta que comience a construir relaciones. No fije otra agenda que no sea la que quiere establecer una relación basada en nuestro Señor Jesucristo y tenga la meta de ser reconciliado con los hermanos cristianos. No establezca todavía una agenda de actividades, ni un plan de cinco años.

Que su costumbre sea hacer las cosas los unos *con* los otros, no *para* el otro. El período inicial de construir una relación necesita ser para conocerse y edificar confianza, permitiendo que los lazos personales surjan. Comiencen orando juntos como un hombre cristiano con otro. Ore por su amigo y por su familia. Pídale a Dios que le dé su dirección en esta relación.

¡Tengan también alguna diversión! Coman juntos, vayan a juegos de pelota o a cualquiera otra parte. La relación tiene que ser real y amplia, y tocar varias áreas de la vida, no sólo la iglesia. Cuando se ha desarrollado un sentido de lealtad e interés en ambos grupos étnicos, es tiempo para comenzar a hacer planes más avanzados. Cuando lo que empezó como «debo hacerlo» se convierte en «quiero hacerlo» usted sabe que está en el camino correcto.

¿Qué hace crecer una relación? El esfuerzo continuo. Phil hace una observación acerca de Gordon: «El continuamente se está acercando a uno» y no se da por vencido. La tenacidad la mostramos ambos. Recientemente, cuando estuvimos separados por tres semanas debido a viajes y negocios en nuestras iglesias, Phil llamó a Gordon sólo para saber cómo le iba. No le presentó necesidades, ni proyectos, ni consejos, sólo un hermano afirmando a otro por el amor mutuo que se tienen.

¡El sentido del humor es necesario! Todo el mundo comete errores y es maravilloso cuando se le encuentra la gracia a cualquier situación. Esto es especialmente útil cuando uno se equivoca. Phil se ríe con Gordon (podía reírse a menudo de él) cuando se equivoca. Es fácil pensar que uno sabe cómo se siente el otro individuo o las personas de otra raza. Su hermano puede darse cuenta de que usted está errado y que no tiene idea de estarlo. El sentido del humor puede abrir la conversación, impidiéndole que usted «meta la pata».

La oración ha sido una parte vital de nuestra amistad. Orar es una actividad vulnerable. Sinceramente, si usted puede despojarse de toda apariencia falsa delante de Dios, también puede ser real con el otro. Oramos juntos por nuestros hijos, nuestras iglesias, y por los Cumplidores de Promesas. No siempre es fácil —vivimos en extremos opuestos de la ciudad. Pero cuando oramos juntos, los lazos entre nosotros se fortalecen y la motivación para orar el uno por el otro aumenta cuando estamos separados.

El entendimiento ayudará a derribar el temor o los estereotipos. Los libros acerca de la reconciliación pueden ser un gran recurso. Los casetes en los que hablan líderes clave son buena manera para comenzar una discusión. Un diálogo tranquilo les permitirá. Los de ambos grupos aprenderán no sólo del punto de vista del otro grupo, sino también al escuchar a los miembros de su propio grupo.

Si la oportunidad lo permite, su nuevo grupo sin barreras raciales se puede decidir a tomar un proyecto relacionado con alguna de las iglesias, o tal vez a ayudar a alguien más. Hay algo que une mucho a los hombres que trabajan juntos. Bajamos a menudo nuestra guardia y nos volvemos más vulnerables cuando trabajamos junto con alguien.

Mantenga el asunto de edificar la relación como algo primordial, ¡pero no tenga prisa! Cada persona comienza desde un punto de partida distinto. Planee oportunidades periódicas para que nuevos hombres se involucren, pero reduzca en lo que le sea posible el síndrome de los que entran y salen.

4. Esté listo a cambiar y a dar generosamente mientras aprende.

Leyendo la historia de Zaqueo en Lucas 19, ¡usted se preguntaría qué diría Paul Harvey si contara el resto de la historia! Zaqueo era un pecador, de acuerdo tanto con la multitud que le rodeaba como con Jesús. Su negocio sucio era explotar a sus conciudadanos para obtener ganancias personales. Como si el gobierno romano no hubiera sido ya lo suficientemente malo para un hombre de negocios judío, Zaqueo era un traidor que le sacaba todo lo que podía a sus víctimas y que le daba al gobierno lo mínimo, para embolsarse el resto.

Zaqueo era rico, pero debe haber estado vacío por dentro. Había oído de alguna manera la verdad sobre el profeta Jesús. Su curiosidad era tan intensa que hizo algo extraño. ¡Este pequeño pero rollizo hombre se trepó a un árbol siendo un adulto! Los muchachos trepan árboles cuando juegan. Imaginémoslo en nuestros días, un colector de impuestos estaciona su lujoso auto fuera del pavimento, brinca hasta agarrarse a una rama de un árbol y, aun con su traje completo, trepa a lo más alto para poder mirar por encima de la multitud que circunda a un predicador que va caminando por la avenida.

No fue necesaria mucha predicación por parte de Jesús, tal vez ninguna, para convencer a Zaqueo de su necesidad. Quizás fue la verdad que alguien le había dicho acerca de Jesús y su llamado a la misericordia y justicia. Esa verdad quizá haya sido como la afirmación que Billy Graham ha hecho de que el racismo es el pecado más grande de nuestro país. Como quiera que haya sido, él estaba listo para responder. Tuvo un cambio en su corazón. De su avaricia personal se dirijió a la necesidad de otros.

Hablando de los pobres: ¿Se preocupa usted por ellos? ¿Los ve como un estorbo, o como si ni siquiera fueran personas personas? ¡Zaqueo dio cincuenta por ciento de lo que tenía! ¡Parece increíble! ¿Notó que el cobrador de impuestos ni siquiera se detuvo a ver si podía conseguir una deducción de sus propios impuestos? Para algunos de nosotros, ese no es un cambio de corazón, eso sería un paro cardíaco. Luego restituyó económicamente por todos los errores que había cometido. Hablaba acerca de las personas que había estafado. Sabía quienes eran y qué les había quitado. Sin lugar a dudas tenía dos libros de contabilidad.

¿Cómo podemos aplicar eso a la vida norteamericana moderna? Reconocemos que la injusticia que todos podemos identificar es la falta de acceso a la corriente económica por parte de las minorías de los barrios pobres. No hablamos de las instituciones de caridad, de bienestar social o del subsidio de desempleo. ¿Qué sucedería si todo hombre cristiano que tuviera el poder o la oportunidad tomara a un hombre que está fuera del círculo económico y lo ayudara a entrar? ¿Si fuera su consejero, le ayudara, quiara e hiciera todo lo posible por asegurar que el que le ha sido negada la oportunidad de prosperar la reciba? ¿Cree que esa persona estaría también interesada en conocer a Jesús?

Este modelo de arrepentimiento al estilo «Zaqueo», de la avaricia a la necesidad y restitución por los males hechos, da sustancia a las palabras de Santiago 2:18: «Te mostraré mi fe por mis obras».

Antes que tratar de justificaro de darle vueltas al asunto, un hombre de integridad diría: «Sí, lo veo. Me arrepentiré de todo corazón, le pediré perdón a Dios y a mi hermano de otra raza».

¡El perdón es una decisión incondicional! Y es el llamado de Dios a aquellos que han sido ofendidos; pueden decidir ser obedientes al Señor Jesús y perdonar. Este perdón no se basa en condiciones previas. Tampoco en un posible favor futuro. Ni aun depende del deseo de ser reconciliado de la parte que ofende, sino más bien del deseo del ofendido de vivir abiertamente delante del Señor, y no estar cargado con el peso de un pecado sin resolver, o del pecado de resentimiento.

De eso se trata. ¡Corra el riesgo! Camine en oración y fe, y vea lo que Dios hará cuando lo obedece y el Cuerpo de Cristo es unificado.

El hombre y sus hermanos

Evaluación personal

En una escala del 1 al 10, califíquese en las siguientes afirmaciones. El 1 significa «nunca podría hacerlo» y el 10 significa «entusiasmo total»:

1. Estoy listo y quiero reunirme con hermanos en Cristo de otras denominaciones. _____
2. Estoy listo y quiero reunirme con hermanos en Cristo de otros antecedentes étnicos y culturales. _____

¿Qué le preocuparía a usted al reunirse con hermanos de otras razas?

Evaluación en grupo

1. ¿Qué hizo para honrar a su pastor la semana pasada? ¿Cómo resultó? ¿Cómo respondió su pastor?
2. ¿Cuáles fueron sus pensamientos mientras leía el capítulo del entrenador McCartney?
3. Mientras piensa en cruzar las barreras raciales o denominacionales, ¿cuáles son sus inquietudes más grandes?
4. ¿Cómo puede dar el primer paso para establecer relaciones con hermanos de diferentes antecedentes denominacionales o étnicos?
5. Termine con una oración. Podría dar una mirada a la oración de Cristo en Juan 17:20-24. Ore por la unidad del Cuerpo de Cristo y por el papel que Dios quiere que usted tenga para lograrlo. Ore, por lo menos, por otra iglesia de la comunidad. Y ore por sus hermanos en otro grupo étnico de su área, para que Dios pueda abrir las puertas para que lleguen a tener una relación y más adelante la reconciliación.

Versículo para memorizar: «Mas no ruego solamente por éstos, sino también por los que han de creer en mí por la palabra de ellos, para que todos sean uno; como tú, oh Padre, en mí, y yo en ti, que también ellos sean uno en nosotros; para que el mundo crea que tú me enviaste.» (Juan 17:20-21).

Tarea para la semana

1. Ore diariamente por la unidad entre los cristianos en su comunidad, y por las relaciones que Dios quiere que usted forme con hermanos de diferentes denominaciones o razas.
2. Lea la sección final, «El Hombre y su mundo», antes de la próxima reunión.

El hombre
y su mundo

Un Cumplidor de Promesas
está comprometido a tener influencia
en su mundo, siendo obediente
al Gran Mandamiento (Marcos 12:30-31)
y a la Gran Comisión (Mateo 28:19-20).

PROMESA 7

Introducción

Hemos cubierto mucho terreno en este libro. Concluimos nuestra mirada a las siete promesas de un cumplidor de su palabra examinando el Gran Mandamiento y la Gran Comisión de Jesucristo.

En el primer capítulo miramos el mandamiento de amar. Un Cumplidor de Promesas está comprometido a amar primero a Dios y luego a su prójimo como a sí mismo. Eso suena bien en teoría, pero todos nosotros nos encontramos inevitablemente con alguien que es, precisamente, difícil de amar. Podría ser un socio que no es del todo honesto. Podría ser el criminal cuyos actos sin sentido cambiaron su vida para siempre. Podría ser el vecino frente a su casa cuyo estilo de vida ruidoso le despierta a las dos de la mañana. ¿Espera realmente Cristo que amemos a todo el mundo?

La respuesta es sí. Pero hay un secreto. Usted no puede amar a estas personas con sus propias fuerzas. El doctor Bill Bright, fundador y presidente de la Cruzada Estudiantil para Cristo, nos desafía con un mensaje que ha ayudado a millones alrededor del mundo a encontrar libertad para amar incluso a los más difíciles de amar.

Terminamos con la Gran Comisión, las instrucciones que Cristo les dio a sus discípulos poco antes de dejar la tierra. El les dijo, y nos dice a través de ellos, que fueran a todas las naciones e hicieran discípulos. Cada uno de nosotros tiene una parte que cumplir en la Gran Comisión. Y para explicarnos cómo, tenemos a uno de los más grandes evangelistas del mundo, Luis Palau. Luis ha predicado en sesenta naciones del mundo y a once millones de personas. Pero él es pronto en decir que usted no tiene que ser un orador elocuente para traer a la gente al Señor. Todo fiel Cumplidor de Promesas puede hacer una parte.

El poder más grande jamás conocido

Por el doctor Bill Bright

Dos abogados muy capacitados se tenían un gran rencor profesional, hasta se odiaban el uno al otro. Aun cuando eran miembros distinguidos de la misma firma, estaban criticándose constantemente y haciéndose la vida miserable el uno al otro.

Entonces, uno de ellos se entregó a Cristo a través de nuestro ministerio, y algunos meses más tarde me pidió consejo.

—He odiado y criticado a mi socio durante muchos años —dijo, —y él me ha provocado de la misma manera. Pero ahora que soy cristiano, no me siento bien continuando nuestra guerra. ¿Qué debo hacer?

—¿Por qué no le pide a su socio que lo perdone y le dice que usted lo ama? —le sugerí.

—¡Nunca haría eso! —dijo. —¡Eso sería ser hipócrita! Yo *no* lo amo. ¿Cómo podría decirle que lo amo cuando no lo amo?

El abogado había dado exactamente con uno de los desafíos más grandes de la vida cristiana. Por un lado, todos quieren ser amados. La mayoría de los sicólogos están de acuerdo con que la necesidad más grande del hombre es amar y ser amado. Ninguna barrera puede detener la poderosa fuerza del amor. Por otro lado, sin embargo, muchas personas nunca experimentan amor. Y muchos otros no saben «cómo» expresarlo —especialmente a aquellos con quienes están en conflicto. Pero al principio de mi caminar con Dios, hice un emocionante descubrimiento espiritual que ha enriquecido mi vida y las vidas de decenas de miles de personas. Aprendiendo y aplicando estas verdades, usted también puede descubrir el poder transformador del amor. Este es un principio que yo llamo «Cómo amar por fe».

Cinco verdades acerca del amor

Hay tres palabras griegas que se traducen como *amor*: *eros*, la que sugiere el deseo sensual y no aparece en el Nuevo Testamento; *phileo*, la que se usa para expresar amistad o amor de amigos o parientes y comunica un sentimiento de amar a alguien porque es digno de amor; y *agape*, la que designa al amor sobrenatural e incondicional de Dios para usted, revelado en forma suprema a través de la muerte de nuestro Señor en la cruz por nuestros pecados. Este es el amor sobrenatural que El quiere producir en usted y a través de usted en otros, por el Espíritu Santo. *Agape* expresa el amor que se da debido al carácter de la persona que ama y no por la dignidad del objeto de ese amor. A veces esto es amor «a pesar de», no «por causa de».

¿Cómo se expresa esta clase de amor? El apóstol Pablo nos da una excelente descripción:

> «El amor es sufrido, es benigno; el amor no tiene envidia, el amor no es jactancioso, no se envanece; no hace nada indebido, no busca lo suyo, no se irrita, no guarda rencor; no se goza de la injusticia, mas se goza de la verdad. Todo lo sufre, todo lo cree, todo lo espera, todo lo soporta. El amor nunca deja de ser.» (1ª Corintios 13:4-8).

Más tarde, Pablo exhorta: «Seguid el amor» (1ª Corintios 14:1). Hay cinco verdades vitales sobre el amor que le ayudarán a entender la base de amar por fe.

1. Dios lo ama incondicionalmente a usted.

Dios ama con *agape*, el amor descrito en 1ª Corintios 13. Su amor no tiene como base el cumplimiento. Cristo lo ama tanto que cuando usted era aun un pecador, El murió por usted (lea Romanos 5:8).

La parábola del hijo pródigo ilustra este amor contínuo e incondicional de Dios por sus hijos. El hijo más joven de un hombre le pidió a su padre la parte de los bienes de la familia que le correspondía, empacó sus pertenencias, y viajó a una tierra distante donde desperdició todo su dinero en fiestas y prostitutas. Cuando se le terminó el dinero, una gran carestía vino sobre la tierra, y él comenzó a pasar hambre. Finalmente, volvió en sí y se dio cuenta de que los jornaleros de su padre tenían al menos comida. Así que decidió regresar a casa, admitir que había pecado y pedir un empleo.

Mientras estaba en camino, y aun a gran distancia de su hogar, su padre lo vio y se llenó de compasión por él. Corrió hacia su hijo, lo abrazó y besó. ¡En el momento en que el hijo comenzó a hacer su confesión, su padre lo interrumpió para dar instrucciones a los sirvientes para que prepararan una celebración! Su hijo perdido se había arrepentido y había vuelto al hogar, y fue restaurado amorosamente a una completa condición como hijo.

Aun cuando usted es desobediente tal como lo fue el hijo pródigo, Dios continúa amándolo, esperando que responda a su amor y a su perdón.

¿Cuánto le ama El? Una vez, Jesús oró al Padre: «...para que el mundo conozca que tu me enviaste, y *que los has amado a ellos como también a mí me has amado*» (Juan 17:23, los énfasis se han agregado). ¡Piense en esto! Dios le ama tanto como ama a su único hijo, el Señor Jesús. ¡Qué asombrosa y sorprendente verdad para ser comprendida! En efecto, tal amor está más allá de nuestra capacidad para captarlo con la mente, pero no está más allá de ser experimentado por nuestros corazones.

2. Dios le da a usted el mandato de amar.

En una ocasión, un maestro de la ley vino a Jesús y le preguntó: «De todos los mandamientos, ¿cuál es el más importante?»

Jesús respondió: «Amarás al Señor tu Dios con todo tu corazón, y con toda tu alma, y con toda tu mente y con todas tus fuerzas. Este es el principal mandamiento. Y el segundo es semejante: Amarás a tu prójimo como a ti mismo. No hay otro mandamiento mayor que éstos» (Marcos 12:30-31).

Jesús también dijo: «Oísteis que fue dicho: Amarás a tu prójimo, y aborrecerás a tu enemigo. Pero yo os digo: amad a vuestros *enemigos*... orad por los que os *ultrajan* y os *persiguen*; para que seáis hijos de vuestro Padre que está en los cielos... si amáis a los que os aman, ¿qué recompensa tendréis? ¿No hacen también lo mismo los publicanos?» (Mateo 5:43-46).

Cuando los cristianos comiencen a actuar como cristianos y amen a Dios, sus vecinos, sus enemigos y especialmente a sus hermanos cristianos —sin consideración de color, raza o clase— veremos en nuestra época, como en el primer siglo, una gran transformación en toda la sociedad. La gente se maravillará cuando observe nuestro amor de la misma manera que se maravillaron cuando observaron a los creyentes del primer siglo, diciendo, «¡Mirad cómo se aman!» (vea un ejemplo de esto en Hechos 2:44-47).

En una ocasión en mi vida cristiana me sentí confundido por el mandamiento de amar a Dios y a otros de manera total. ¿Cómo podría alguna vez alcanzar una norma tan alta? Me han ayudado mucho dos consideraciones importantes. Primero, encontré en la Biblia la seguridad de que Dios ya nos ha dado lo que necesitamos: «Porque el amor de Dios ha sido derramado en nuestros corazones por el Espíritu Santo que nos fue dado» (Romanos 5:5).

Segundo, al meditar en los atributos de Dios y en las cosas maravillosas que ha hecho y que hace por mí, encuentro que mi amor por El crece. Lo amo porque El me amó primero.

En cuanto a amar a otros, cuando estamos unidos a Cristo en forma vital y caminamos en el Espíritu, amamos a Dios con todos nuestros corazones, almas y mentes cumpliremos su mandamiento de amar a otros como a nosotros mismos. El apóstol Pablo explicó cuán sabio es este mandamiento:

> «Porque: no adulterarás, no matarás, no hurtarás, no dirás falso testimonio, no codiciarás, y cualquier otro mandamiento, en esta sentencia se resume: Amarás a tu prójimo como a ti mismo. El amor no hace mal al prójimo; así que el cumplimiento de la ley es el amor.» (Romanos 13:9-10).

El amor es también una señal indiscutible de nuestro discipulado. Jesús dijo: «En esto conocerán todos que sois mis discípulos, si tuviereis amor los unos con los otros» (Juan 13:35). Nuestra doctrina debe ser pura. Nuestra fe debe ser fuerte. Pero ninguna de las dos es una señal o testimonio al mundo de nuestro discipulado. Unicamente lo es el amor.

3. Usted no puede amar con su propia fuerza.

Tan seguro como que «aquellos que están en la carne no pueden agradar a Dios», tampoco en su propia fuerza puede usted amar como debería. ¿Cuántas veces ha resuelto amar a alguien? ¿Cuán a menudo ha tratado de fabricar alguna clase de emoción positiva y de amor hacia otra persona por quien usted no sentía nada? Es imposible, ¿verdad?

Las personas por naturaleza no somos pacientes ni amables. Somos celosos, envidiosos y ostentosos. Somos orgullosos, soberbios, egoístas y mal educados y exigimos lo que nos conviene. ¡No podríamos amar nunca a otros de la manera que Dios nos ama!

4. Usted puede amar con el amor de Dios.

Fue la clase de amor que tiene Dios la que le trajo a Cristo. Es esta clase de amor la que puede sostenerlo y animarlo cada día. A través del amor de El en usted, puede traer a otros a Cristo y ministrar a los demás creyentes como ha ordenado Dios.

¿Cómo entra este amor en su vida? Llega a ser suyo en el momento que recibe a Jesucristo y el Espíritu Santo viene a morar en usted. La Biblia dice que «el fruto del Espíritu es amor» (Galatas 5:22). En otras palabras, cuando usted es controlado por el Espíritu, una de las maneras en que se demuestra su presencia es un derramamiento de amor *agape* en su vida.

Ahora, todo esto puede sonar bueno en teoría, ¿pero cómo hace usted del amor de Dios una realidad práctica en su experiencia? ¿Al hacer resoluciones? ¿Al autoimponerse la disciplina? No. La única manera de hacerlo se explica en mi último punto.

5. Usted ama por fe.

Todo lo relacionado con la vida cristiana se basa en la fe. Usted ama por fe, así como por fe recibió a Cristo, así como por fe fue lleno del Espíritu Santo y así como camina por fe.

Pero si el fruto del Espíritu es amor, como vimos, puede lógicamente preguntar: «¿No es suficiente estar lleno del Espíritu?» Eso es verdad desde el punto de vista de Dios, pero no será siempre verdad en su experiencia real.

Muchos cristianos han amado con el amor de Dios sin declararlo consciente o específicamente por fe. Sin embargo, sin darse cuenta de esa realidad, ellos, en verdad, estaban amando por fe. Hebreos 11:6 nos recuerda que «sin fe es imposible agradar a Dios». Claramente, entonces, no hay una demostración del amor de Dios donde no hay fe.

Entonces, ¿cómo amamos por fe de una manera práctica? Esto opera así: sabemos que Dios nos ha mandado a amar. También sabemos que El prometió en 1ª Juan 5:14-15 que si pedimos cualquier cosa conforme a su voluntad, El lo oirá y nos responderá. Así que, pedimos de acuerdo a su mandamiento (su voluntad) y entonces recibimos su amor por fe de acuerdo a su promesa, sabiendo que sus promesas son siempre verdaderas. Permítame ilustrar cómo sucede esto.

En una ocasión, no me era fácil amar a un compañero, miembro del personal. Quería amarlo y sabía que tenía el mandato de hacerlo. Pero debido a ciertas inconsistencias y diferencias personales, me parecía difícil. Entonces el Señor me recordó lo que dice en 1ª Pedro 5:7: «Echando toda vuestra ansiedad sobre él, porque él tiene cuidado de vosotros». Así que decidí entregarle el problema a El y amar al hombre por fe —actuar hacia él demostrándole amor sin tomar en cuenta mis sentimientos, dependiendo del amor de Dios y de la fuerza interna.

Una hora más tarde, recibí una carta de ese mismo hombre, quien no tenía manera alguna de saber lo que yo había decidido. En efecto, había escrito su carta el día anterior. El Señor había previsto el cambio en mí. Este amigo y yo nos encontramos esa tarde y tuvimos el más hermoso tiempo de oración y compañerismo que jamás habíamos experimentado juntos.

Una noche en Chicago hablé en un salón atestado con más de 1.300 estudiantes universitarios. Parecían pendientes de cada palabra mientras les explicaba cómo amar por fe. Muy temprano al otro día, una joven con ojos alegres y rostro resplandeciente vino a mí y dijo: «Mi vida cambió anoche. Por muchos años he odiado a mis padres. No los he visto desde que tenía diecisiete años, y ahora tengo veintidós. Salí de casa como resultado de una discusión hace cinco años, y no les he escrito o hablado desde entonces, aunque han tratado repetidamente de hacer contacto conmigo y animarme a regresar a casa. Yo decidí que nunca más los vería. Hace unos pocos meses me convertí al cristianismo. Anoche usted me dijo cómo amar a mis padres, y me resultó muy difícil esperar a que terminara la reunión para salir y llamarlos. ¡Ahora realmente los amo con la clase de amor de Dios, y estoy ansiosa por verlos!»

¿Recuerda el abogado con cuya historia comenzó este capítulo? después que él protestó que no podía amar al socio que lo criticaba, le expliqué cómo Dios manda a sus hijos a amar aun a sus enemigos, y que amar a su manera es una decisión de la voluntad, que ejercemos por fe. Le leí la parte de 1ª Corintios 13 citada anteriormente. «Notará —le dije —que cada una de estas descripciones de amor no es una expresión de las emociones, sino de la voluntad».

Juntos nos arrodillamos para orar, y mi amigo le pidió perdón a Dios por su actitud crítica hacia su socio en leyes, y por fe clamó el amor de Dios para él.

Temprano, al otro día, mi amigo entró en la oficina de su socio y anunció: «Algo maravilloso me ha sucedido. Me he hecho cristiano, y he venido para pedirte perdón por todo lo que te he hecho que te ha herido en el pasado y para decirte que te amo».

El compañero estaba tan sorprendido y convencido de su propio pecado, que también pidió perdón y dijo: «Me gustaría ser cristiano. ¿Me mostrarías lo que necesito hacer?»

Los ejemplos son interminables. Dios tiene una infinita provisión de su divino amor sobrenatural *agape* para cada uno de nosotros. Nos toca reclamar, crecer, llevar esto a otros y así llegar a cientos y miles de otras personas para Cristo.

El amor de Dios es el poder más grande en el universo. Cambió el curso de la historia. Puede cambiar nuestro mundo ahora. Puede revolucionar su familia, vecindario, lugar de trabajo y su iglesia. Nada —absolutamente *nada*— puede vencerlo.

Le animo a hacer una lista de todos aquellos que no le simpatizan, y empezar hoy a amarlos por fe. Incluya a esas personas que le han herido en el pasado. Ore por ellos. Pídale a Cristo que lo ayude a verlos como el los ve. Actúe con amor hacia ellos sin importar lo que sienta. No amamos a la gente porque merezca ser amada —la amamos porque Cristo lo manda y nos da el poder para hacerlo. Sus relaciones cambiarán a medida que el amor de Dios en usted fluya hacia otros. Además será una fuente del poder y de la propia vida de Dios en este mundo necesitado, y al amar por fe, usted agradará a su amante Maestro. ¡La fuerza más grande en el mundo es el amor!

La Gran Comisión

Por Luis Palau

«*Señor, prometo ayudar a cumplir la Gran Comisión en mi mundo para tu gloria*».

Es un compromiso atrevido para llevar a cabo, no hay duda de eso. Esto no se debe hacer a la ligera, sin seriedad o sin contar el precio.

¡Pero *ahora* es el tiempo de reevangelizar América! Y nosotros, los hombres, debemos dirigir el camino —en nuestras familia, iglesias y comunidades. No puedo pensar en algo más emocionante que obedecer al Señor en esta área de participación personal y compromiso para el evangelismo.

La gente está buscando

Hace unas pocas semanas, un exitoso hombre de negocios vino a un estudio bíblico que yo estaba dirigiendo. Mientras yo hablaba sobre tener la seguridad de la vida eterna a través de la fe en Jesucristo, noté que él tenía lágrimas en los ojos.

Al salir, este hombre y yo hablamos sobre las empresas que él tenía. Cuando el ascender se detuvo en el piso ocupado por su empresa de inversiones, comentó: «Tengo seguro pero no seguridad».

Antes de partir, este caballero convino en almorzar conmigo. Al día siguiente, mientras comíamos y hablábamos, entendió finalmente que la salvación es un don de Dios, no algo por lo que él necesitaba trabajar duro para obtener.

Allí en el restaurante, el hombre inclinó su cabeza, abrió su corazón y oró para recibir a Jesús como Salvador. La transformación en su vida fue instantánea. Al fin tenía vida eterna —¡y lo sabía!

No hay nada más emocionante

¡Conducir a la gente a Cristo es emocionante! El milagro de ganar a alguien para la fe en Cristo sobrepasa toda emoción que este mundo puede ofrecer.

¿Ha tenido usted esa experiencia? Si no, le pido considere la Gran Comisión del Señor nuevamente, al seguir leyendo este capítulo.

Dios lo está llamando a ser un Cumplidor de Promesas, un hombre de integridad. Usted lo sabe. ¿Pero ha captado usted que el Señor lo está llamando a ser un hombre fiel a Dios que —tanto como cualquiera otra cosa— está comprometido a tener influencia en su familia, vecinos, amigos, socios, conciudadanos y otros alrededor del mundo para Jesucristo?

¿Increíble? ¿Idealista? ¿Imposible? Escuche lo que el Señor Jesús dijo:

«Toda potestad me es dada en el cielo y en la tierra. Por tanto, id, y haced discípulos a todas las naciones, bautizándolos en el nombre del Padre, y del Hijo, y del Espíritu Santo; enseñándoles que guarden todas las cosas que os he mandado; y he aquí yo estoy con vosotros todos los días, hasta el fin del mundo» (Mateo 28:18-20).

«Bien, Luis —usted puede decir —Estoy de acuerdo con que el Señor quiere que nosotros ayudemos a cumplir su Gran Comisión en nuestra generación. Sólo que, sospecho, El está pensando en usarlo más a usted que a mí. Después de todo, seguramente no tengo el don de evangelismo.»

¡Un momento!

No veo nada en la Gran Comisión acerca de dones o talentos o capacidades o personalidad, ni siquiera oportunidad.

El Señór es claro: «Usted...y usted...y usted, estoy llamando a todos ustedes hombres para que vayan a hacerdiscípulos».

Esto no es un asunto de dones, es un asunto de obediencia.

«Señor, prometo ayudar a cumplir tu Gran Comisión».

¿Lo hará usted también?

No es un asunto de dones, es un asunto del corazón.

Un corazón para el mundo

Miles de hombres cinsagrados a Dios han ayudado a cumplir la Gran Comisión a través de todo el mundo, durante los siglos que cierran este milenio. ¿Cómo podemos ser como ellos?

He estudiado esa pregunta y he encontrado que la respuesta tiene poco que ver con los métodos o técnicas. Algunos han predicado ante las multitudes, otros en las iglesias. Algunos han presentado el evangelio en pequeños grupos, mayormente de uno a uno. La mayoría ha usado una combinación de métodos. Pero no es eso lo que los hizo efectivos pescadores de hombres. Lo que he encontrado es que los grandes «pescadores de hombres» (Mateo 4:19) con el transcurso de los años han compartido diez distintivos que les ha dado un corazón grande para el mundo. Tanto la Biblia como la historia de la Iglesia hablan de la importancia de estos distintivos, que deberían moldear el corazón y la vida de cada hombre cristiano:

- Pasión por los que están lejos de Cristo
- Mensaje Cristocéntrico
- Santidad en cada área de la vida
- Visión para alcanzar las grandes ciudades
- Valor para usar nuevos métodos
- Voluntad para soportar la crítica
- Compromiso con una iglesia local
- Amor por todo el Cuerpo de Cristo
- Ofrendar con sacrificio
- Darle importancia a la oración privada
- Fidelidad hasta el fin

Parece que describí a un Cumplidor de Promesas, ¿no es así?

Desafortunadamente, hoy día, nuestras iglesias carecen del primer distintivo de la lista que acabo de mencionar. Muchos carecen de cualquier medida de preocupación por los que todavía no han confiado en Cristo como Salvador.

¿Cómo está su corazón? ¿Cómo podemos quedarnos sentados, mientras muchos se acercan cada vez a una eternidad sin Cristo? ¡Por amor de Dios, al menos deberíamos hacer algo!

Casi todos nosotros nos ponemos nerviosos cuando pensamos en testificar. Al menos yo sí, aun después de todos estos años. Pero cuando obedecemos al Señor con buena disposición, El nos usa.

Un corazón deseoso

Hoy mismo, antes que pase otra hora, *miremos al Señor y digamos: «Sí, estoy dispuesto a ayudar a cumplir tu gran comisión»*. Ese es el primer requisito. Al menos que deseemos decirle sí al Señor en *todas* las áreas, no tiene caso que nos hagamos la idea que somos Cumplidores de Promesas en *una sola* área de la vida. ¿Estaría de acuerdo con esto?

Un mensaje profundo

Segundo, *comencemos a enorgullecernos de las buenas nuevas de Jesucristo.* Igual que el apóstol Pablo, afirmemos: «Porque no me avergüenzo del evangelio» ¿Por qué? «Porque es poder de Dios para salvación a todo aquel que cree» (Romanos 1:16).

Es repugnante ver cómo se enorgullece el mundo de su perversión y pecado. Como Cumplidores de Promesas, no deber´âmos enorgullecernos tanto más del Evangelio de Cristol porque libera y cambia vidas? ¿Qué es el evangelio? Es: «Porque de tal manera amó Dios al mundo, que ha dado a su Hijo unigénito, para que todo aquel que en él cree, no se pierda, mas tenga vida eterna» (Juan 3:16).

El evangelio es: «Que Cristo murió por nuestros pecados, conforme a las Escrituras; y que fue sepultado, y que resucitó al tercer día, conforme a las Escrituras; y que apareció a Cefas, y después a los doce. Después apareció a más de quinientos hermanos a la vez» (1ª Corintios 15:3-6).

El evangelio no es más que esas grandes verdades; tampoco menos. EEs tan sencillo que lo puede entender un niño, tan profundo que puede asombrar a los teólogos más brillantes.

¿Nos sentimos lo suficientemente orgullosos como para compartir estas buenas nuevas con otros?

Un mundo de confusión

Tercero, *adquiramos un mejor entendimiento de los que están fuera de Cristo.* Para mí, la palabra que mejor describe a la sociedad moderna es *confusión.* De acuerdo con la última encuesta Gallup, asombrosamente ocho de cada diez americanos declaran ser cristianos. Pero pregúntele al norteamericano promedio que defina lo que quiere decir con eso, y usted tendrá una gran sorpresa. He aquí algunos de los más populares mitos acerca de qué hace que alguien sea cristiano:

- Haber nacido en América
- Que piense positivamente
- Que viva una buena vida
- Que asista a la iglesia
- Que sea generoso con otros
- Que reciba un sacramento
- Que crea en Dios

- Que hable de Jesús
- Que ore
- Que lea la Biblia

Todas esas cosas son buenas, ¡pero no lo suficientemente buenas! Creamos a Dios en su Palabra y no creamos todo lo que nos digan los hombres. Sólo porque alguien dice que es un cristiano no significa que sea cierto.

Un mensaje para todos los hombres

Cuarto, *recordemos que el evangelio no es sólo para la gente «buena».* Cuando Dios nos llama a ser Cumplidores de Promesas, no nos llama para esquivar a aquellos cuyos valores, creencias y acciones están diametralmente opuestas a las nuestras (lea 1ª Corintios 5:9-10).

Instantes antes de que Westley Allan Dodd fuera ejecutado en la horca de la Penitenciaría del Estado de Washington en 1993, al convicto de asesinatos en serie de niños se le dio la acostumbrada oportunidad de expresar sus últimas palabras. Aquí estaba un hombre que había violado viciosamente y mutilado a tres jóvenes, un hombre que dijo que lo haría de nuevo, un hombre que dijo que no había esperanza de que alguna vez sería liberado de la oscuridad espantosa que había dentro de su alma.

Sus palabras finales fueron asombrosas: «Estaba equivocado cuando dije que no había esperanza ni paz» dijo Dodd desde la horca. «Hay esperanza. Hay paz. He encontrado a las dos en el Señor Jesucristo».

Según un reportero que fue testigo de la ejecución, el padre de dos de los muchachos asesinados por Dodd «hizo un gesto de desaprobación» cuando Dodd invocó el nombre de Jesucristo.

Nadie puede culpar a este padre por su murmuración de desprecio y escepticismo. Hasta las últimas horas de su vida, Dodd no había mostrado señal alguna de remordimiento. Si vamos a ser honestos, nosotros, los Cumplidores de Promesas tendríamos el mismo escepticismo si escuchamos que un Dodd o que un General Noriega o, hace veinte años un Charles Colson, se han vuelto a Jesús encontrando perdón. Aun cuando proclamamos lo contrario —«todo aquel que invocare el nombre del Señor, será salvo» (Romanos 10:13)— ¿acaso no actuamos algunas veces como si pensáramos que el evangelio fuera sólo para la «gente buena»?

En realidad es mucho más difícil para los buenos encontrar la salvación que para los malos. C.S. Lewis escribió: «Sin embargo, cuando usted piensa en esto, hay una razón por la que podríamos esperar que las personas malvadas se vuelvan a Cristo en mayor cantidad que los buenos. Eso fue a lo que la gente se apuró acerca de Cristo durante su vida en la tierra: El parecía atraer a personas detestables».

Tome por ejemplo a Zaqueo. El encuentro de Jesús con ese tramposo colector de impuestos, fue la base de su afirmación: «El Hijo del Hombre vino a buscar y a salvar lo que se había perdido» (Lucas 19:10). Cuando Jesús fue invitado a pasar a la casa de Simón el Fariseo, «una pecadora» mojó sus pies con sus lágrimas, las secó con su pelo, y vertió perfume sobre ellos. Simón esperaba que Jesús, si realmente era un profeta, reprendiera a esta mujer de mala reputación. En vez de eso, Jesús le dijo: «Tus pecados te son perdonados» (Lucas 7:37, 48; lea 36-48).

Otro cobrador de impuestos, Leví, invitó a Jesús a un banquete a su casa. Los fariseos se quejaron con los discípulos de Jesús: «¿Por qué coméis y bebéis con publicanos y pecadores?» Jesús respondió: «Los que están sanos no tienen necesidad de médico, sino los enfermos. No he venido a llamar a justos, sino a pecadores al arrepentimiento» (Lucas 5:29-32).

La Biblia está llena de conversiones que nos harían decir, tanto a nosotros como a un considerable número de escépticos: «¿Quién lo hubiera pensado?» Saulo de Tarso fue un «blasfemo, perseguidor e injuriador» (1ª Timoteo 1:13). Ananías se preguntaba si tal hombre podría alguna vez ser cambiado por gracia, mucho menos en una sola noche. Pero aun a «los peores pecadores» se les mostró misericordia. En este contexto, el apóstol Pablo podía escribir: «Palabra fiel y digna de ser recibida por todos: que Cristo Jesús vino al mundo para salvar a los pecadores, de los cuales yo soy el primero» (1ª Timoteo 1:15).

Si parece que la gracia se empuja hasta el límite al rescatar a asesinos de niños, traficantes de drogas y aquellos que se nos oponen vigorosamente, entonces no hemos comenzado a sondear el océano de gracia y de misericordia de Dios. Ni hemos escudriñado lo suficiente dentro de nuestros propios corazones.

Hace años conocí a un ministro metodista que trabajaba en los barrios pobres de Bristol, Inglaterra. Cuando le pregunté qué hacía allí, contestó: «Ministro a los últimos, a los menos, a los solitarios y a los perdidos». Esa era precisamente la misión de Jesús.

Cuán a menudo escuchamos el testimonio: «Si Dios puede salvarme, El puede salvar a cualquiera». Sí, puede y lo hace. Juntos, pidamos a Dios que salve a la gente que no es tan buena que conocemos en nuestro vecindario, escuelas, lugares de trabajo y de comercio.

Un mundo perdido a nuestro alrededor

También, *esforcémonos en promover un evangelismo completo y total aquí en los Estados Unidos antes de que sea demasiado tarde.* En la historia de la portada de una revista Time, 1993, acerca de «Muchachos, sexo y valores», un profesor de Nueva York dijo que las vidas de los adolescentes están «vacías, y su visión del futuro es fatalista». Uno de ellos, de diecinueve años dijo: «Creo en Dios. Si El quiere que algo malo me suceda, me sucederá. De todas maneras, para cuando yo me contagie de SIDA, pienso que ya habrán encontrado una cura».

Lakewood, California fue sacudida no hace mucho por el escándalo sexual de adolescentes de la «Spur Posse», cuyos ostentosos miembros llevaban la cuenta de sus conquistas de muchachas adolescentes. Sin embargo, tan alarmante como su conducta era la respuesta de algunos padres que decían: «Los muchachos son muchachos». El director de investigaciones de la Universidad de Minnesota para el programa de entrenamiento de la salud juvenil, dijo a la revista *Newsweek*: «Lo que vemos es lo que está sucediendo en la sociedad».

¿Qué más encontramos en la sociedad? 1.6 millones de abortos voluntarios el año pasado. Más de un millón de nacimientos fuera del matrimonio. Familias destruidas. Violencia brutal en las calles y en los medios de comunicación. Adicción a las drogas.

Estados Unidos necesita como nunca antes de los Cumplidores de Promesas dedicados al evangelio. Billy Graham dijo una vez: «Es asunto de volver a la Biblia, o de volver a la selva». La selva está verdaderamente está invadiendo a los Estados Unidos. El teólogo Carl F.H. Henry lo dijo de esta manera: «Vienen los bárbaros». El doctor Henry pudo ver que sin una ola de evangelización que convierta a cientos de miles de personas a Jesucristo, los bárbaros van a dominar la tierra —no los extranjeros, sino nuestros propios hijos y nietos sin arrepentimiento.

El problema está en el corazón, no sólo en la conducta exterior. Dios dice: «Engañoso es el corazón más que todas las cosas, y perverso; ¿quién lo conocerá?» (Jeremías 17:9). Lo que se necesita no son más buenos consejos, sino las buenas nuevas —«el poder de Dios para salvación de todo aquel que cree».

Las campañas políticas, el asesoramiento familiar y la educación no dicen nada acerca de la condición interior de la depravación humana. A menos que haya un cambio en el corazón, nada ha sucedido para cambiar a una persona. Y a menos que millones de corazones sean cambiados, poco ha sucedido para cambiar a Estados Unidos.

Estados Unidos de hoy día es similar a la Inglaterra del siglo dieciocho, en la que también hubo una condición moral desastrosa. El tráfico de esclavos estaba en su peor momento. Un sistema bárbaro de prisiones entretenía al público con ahorcamientos al aire libre. El apostar era una obsesión nacional. Un historiador dijo que Inglaterra era un inmenso casino. Beber ginebra era algo que dominaba a los hombres y muchachos ingleses. Rumores falsos manipulaban los mercados de valores.

Igualmente, la iglesia nacional y su púlpito estaban en decadencia. El entusiasmo por Cristo era considerado altamente peligroso. Veinte porciento de los clérigos fueron destituidos, víctimas de una purga antipuritana. El obispo George Berkeley escribió en ese tiempo: «Es de temer que la era de los monstruos no está lejana».

La plataforma fue colocada para John y Charles Wesley, George Whitefied y los jóvenes de Oxford conocidos como el Holy Club (El Club Sagrado). Ellos hicieron lo que hoy día llamaríamos una declaración misionera. Dijeron: «Queremos reformar la nación, particularmente la Iglesia, y extender la santidad de la Biblia sobre la tierra». Y comenzando con ese pequeño grupo de hombres comprometidos, la acción evangelística cambió la nación, tal vez librando a Inglaterra de la clase de revolución que ensangrentó a Francia.

Sólo Dios sabe lo que le espera a una América si arrepentimiento. Sí, es tempo para reevangelizar América. Sólo el evangelio llega a la raíz de los problemas que destruyen a la nación:

Un espíritu de desaliento. Muchas personas han perdido la esperanza. Necesitan un mensaje positivo del amor de Dios, de lo que Cristo puede hacer por las familias destruidas, por los solitarios, por los adictos, por los moribundos.

Un espíritu de separatismo. Tenemos que superar este asunto de ser americanos separados. Mi pasaporte no dice: «hispanoamericano». Dice: «ciudadano de los Estados Unidos de América». Como discutimos en el capítulo anterior, sólo Cristo puede traer reconciliación —un profundo y sincero amor hacia las personas.

Un espíritu de impureza. Hemos perdido nuestro sentido de lo que es correcto y honorable. Hablamos con los niños y niñas de ocho años de edad acerca de preservativos y «relaciones sexuales sin riesgo». ¿No tenemos vergüenza? América necesita un espíritu restaurado de santidad. Lo necesitamos en la Iglesia; cada uno de nosotros lo necesita en el alma.

Un espíritu de culpa. Lo que América necesita mayormente es perdón después del arrepentimiento. Dios está listo para perdonar. El perdonará a las jóvenes que han tenido abortos. Perdonará a los adúlteros y fornicadores y a los que practican la homosexualidad. Perdonará a asesinos, violadores y estafadores. Perdonará al que se cree justo y a los hipócritas. Nos perdona a todos nosotros pecadores en el instante en que creemos en El con corazón arrepentido.

Ese mensaje —que Dios perdona a los pecadores y le ofrece a cada uno la oportunidad de comenzar de nuevo— ha transformado millones de vidas a lo largo y ancho de las Américas en los últimos veinticinco años. Evangélicos, muchos de ellos analfabetos, se han parado en las esquinas de las calles de los países en desarrollo, predicando Juan 3:16 y 1ª Corintios 15:3-5 y dando testimonio de la gracia de Dios. Millones de latinos han dicho: «¿Es ese el evangelio? Quiero conocer a este Dios y vivir para El».

Pero en los Estados Unidos, nosotros, los hombres evangélicos hemos adquirido una reputación de ser ásperos, faltos de amor, personas amargadas, sin sensibilidad y compasión hacia los que han fallado. Somos conocidos por las cosas a las que estamos *en contra*, no por lo que estamos *a favor*. Si nosotros, los Cumplidores de Promesas, nos levantamos y, enorgullecidos de Jesucristo, proclamamos su evangelio en toda su pureza, pienso que encontraremos muchos queriendo convertirse al verdadero cristianismo.

El evangelismo quiere decir buenas noticias. Eso es lo que Norteamérica —y el mundo— necesita hoy más que nunca.

Un mundo que ganar

Finalmente, *adquiramos una nueva visión de ayudar a cumplir la Gran Comisión en nuestra generación.* Cuando usted piensa en aquellos que nunca les han entregado sus vidas a Jesucristo, ¿quiénes vienen a su mente? Anote abajo los nombres de por lo menos cinco personas que quisiera ver confiar en Cristo. Comience orando diariamente por su salvación. Pídale a Dios le ayude a llevar a El por lo menos uno de ellos antes que termine el año.

Luego piense en las multitudes que ve en las ciudades —en los aeropuertos, en las calles, en todas partes. ¿Cómo se siente cuando piensa en ellas?

La Biblia nos dice que cuando Jesús vio las multitudes: «Tuvo compasión de ellas; porque estaban desamparadas y dispersas como ovejas que no tienen pastor» (Mateo 9:36). Necesitamos pedirle a Dios que conmueva nuestros corazones con la misma compasión que se conmueve el suyo.

Dos de los más grandes peligros que enfrentamos como Cumplidores de Promesas son el cinismo y una fría indiferencia: «¿Así que más de tres mil millones de personas no conocen a Cristo? ¡Qué lástina!» No debemos olvidar a la gente real —incluyendo a quienes conocemos y amamos— que forman parte del número de quienes viven «sin esperanza y sin Dios en el mundo» (Efesios 2:12).

El Señor señaló la urgencia de ayudar a cumplir la Gran Comisión diciéndole a sus discípulos: «La mies es mucha, mas los obreros pocos» (Mateo 9:37). Debemos sentir la urgencia que existe en nuestra época. ¿Cuánto tiempo deben esperar antes de oír el evangelio? ¿Cuántas generaciones más deberán pasar antes que algunas partes del mundo oigan el mensaje por primera vez?

Es emocionante ver la tremenda cosecha que se recoge en la mayoría de los, así llamados, países en desarrollo. Varias naciones de Latinoamérica, Africa y Asia podrían llegar a ftener 51% de cristianos dentro de diez o quince años. Ahora mismo, las puertas están abiertas como quizá nunca antes. Los medios de comunicación masivos han hecho que sea posible alcanzar aun a los países inaccesibles con el mensaje de vida. Todo esto está ahora delante de nosotros, pero podría pasar a la historia en muy corto tiempo.

Nuestra tarea es urgente. Esa es la razón por la que Jesús ordenó a sus discípulos: «Rogad, pues, al Señor de la mies, que envíe obreros a su mies» (Mateo 9:38). Nuestras Biblias finalizan allí el capítulo, ¡pero no detenga la lectura! En los cinco versículos siguientes, el Señor dio autoridad a sus discípulos y los envió a la mies. Los doce llegaron a ser la respuesta a sus propias oraciones.

Para terminar la tarea, debemos tener la autoridad de Dios que viene de una vida santa. Pablo le dijo a Timoteo: «Porque no nos ha dado Dios espíritu de cobardía, sino de poder, de amor y de dominio propio» (2ª Timoteo 1:7). Me parece que eso podría ser identificado como una valentía santa.

La tarea sin terminar de ganar al mundo para Cristo es enorme. ¿Está usted dispuesto a comenzar a sentir compasión por los incrédulos, y un sentido de urgencia de alcanzarlos para Cristo? ¿Está disponible para servir a Dios con santa determinación como un Cumplidor de Promesas? Prosigamos hasta terminar la tarea puesta delante de nosotros.

El hombre y su mundo

Evaluación personal

1. Si todavía no lo ha hecho, haga una lista de todos aquellos que le caen mal, o quienes en el pasado lo han herido y le cuesta amar. Esta lista debe mantenerse en privado, para su propia ayuda espiritual. Ahora ore por cada persona de esa lista. ¿Puede decidir hoy amar a cada uno de ellos por fe?
2. ¿Está dispuesto a ayudar a cumplir la Gran Comisión en su mundo para la gloria de Dios?

_____ Sí.
_____ No.
_____ No sé.

3. Haga una lista de personas que usted conoce y quienes probablemente no conocen a Cristo. Ahora comience a orar por su salvación diariamente.

Evaluación en grupo

1. Complete la siguiente afirmación: La razón por la que me parece tan difícil amar a alguien que me ha herido es_____ (cada miembro deberá hacerlo).
2. ¿Cómo sabrá usted que está amando a alguien por fe?
3. ¿Ha tenido alguien en el grupo la experiencia de llevar a una persona a la fe en Cristo? Aquellos que lo hayan hecho relatan esa experiencia y cómo se sintieron cuando la persona respondió.
4. ¿De qué maneras podemos llevar el mensaje de Cristo a quienes no son cristianos y están a nuestro alrededor —por ejemplo, en el trabajo o el vecindario?
5. Lea en silencio el epílogo escrito por el entrenador Bill McCartney. Luego dé una mirada a la lista de las siete promesas de un Cumplidor de Promesas. ¿Está usted comprometido a vivir por ellas? Si no, ¿por qué no? Hable acerca de cómo serían sus vidas si cada uno de ustedes se comprometiera. Si alguien del grupo no está listo para hacer ese compromiso, debe ser animado. ayúdele a orar por esto a calcular el costo.
6. Revise otra vez la lista de las siete promesas. De las siete, ¿cuál

requiere su mayor atención? Diga al grupo lo que planea hacer para fortalecer ese compromiso (cada miembro deberá hacerlo).

7. Si el grupo desea continuar reuniéndose, otros recursos adicionales al final del libro le permitirán profundizar más en cada una de las promesas. Podrían escoger uno de esos libros y trabajar en él durante las siguientes ocho a doce semanas.

Versículos para memorizar: «Un mandamiento nuevo os doy: que os améis unos a otros; como yo os he amado, que también os améis unos a otros. En esto conocerán todos que sois mis discípulos, si tuviéreis amor los unos con los otros» (Juan 13:34-35).

«Y Jesús se acercó y les habló diciendo: Toda potestad me es dada en el cielo y en la tierra. Por tanto, id, y haced discípulos a todas las naciones, bautizándolos en el nombre del Padre, y del Hijo, y del Espíritu Santo; enseñándoles que guarden todas las cosas que os he mandado; y he aquí yo estoy con vosotros todos los días, hasta el fin del mundo. Amén» (Mateo 28:18-20).

Tarea para la semana

Revise la hoja de compromiso al final del libro. Si está listo a identificarse como un Cumplidor de Promesas, comprometido a vivir las siete promesas, firme la hoja, retírela del libro y envíela a Cumplidores de Promesas. Recibirá a vuelta de correo un certificado para ser enmarcado, así como otros materiales de ayuda.

Buscando el favor de Dios

Por Bill McCartney

Hay un tremendo poder en la palabra hablada. Cuando un hombre le da su palabra, si es digno, cumplirá todo lo que promete. Permítame ilustrar lo que quiero decir.

En 1987, nuestro equipo de fútbol de la Universidad de Colorado se preparaba para ir a Norman, Oklahoma, a jugar contra los Sooners. Ellos estaban en primer lugar en el país y volvían a casa después de una gira. Además, nuestro equipo de la Universidad de Colorado era extremadamente joven. Durante mucho tiempo, tanto que no podíamos recordar, los Sooners habían intimidado a Colorado no sólo por su talento, sino también por su categórica ofensiva. Colorado había llegado a ser presa fácil para ellos. Habían ganado ampliamente trece de los catorce encuentros anteriores y habían hecho un promedio de más de cuarenta puntos por juego. ¡Colorado era una de las grandes razones por las que Oklahoma estaba obteniendo los trofeos para ganadores All-Americans y Heisman Trophy!

Claramente, nosotros necesitábamos intentar una estrategia diferente. Yo tenía que encontrar una manera de motivar a mis jugadores para que jugaran el mejor partido de sus vidas. Finalmente decidí lanzarles un desafío tomándoles sus palabras de hombres jóvenes. Durante la noche del jueves anterior al partido, me dirigí a ellos de esta manera: «Muchachos, ninguno de ustedes va a abordar ese avión con destino a Norman, a menos que cada uno me diga, mirándome a los ojos, qué puedo esperar de él en el partido del sábado».

La mañana siguiente, me tomé tres horas en mi oficina para reunirme individualmente con los sesenta jugadores que harían el viaje. Tres minutos para cada uno. Eso es todo lo necesario.

Mientras llamaba a cada joven a mi oficina y lo hacía sentar frente a mí, yo lo miraba y le decía: «Ahora, hijo, quiero saber qué puedo esperar de ti cuando vayamos a Norman a jugar contra Oklahoma».

Cada uno me miraba directamente a los ojos y me decía más o menos esto: «Entrenador, usted puede contar conmigo para desempeñar cada jugada demostrando lo mejor de mi habilidad. Jugaré con todas mis fuerzas para ganarle a Oklahoma» Entonces, dependiendo de su posición, cada jugador añadía: «Detendré mejor de lo que nunca he detenido antes. Atajaré con más autoridad. Correré con precisión y fortaleza».

Luego le decía a cada uno: «Voy a tomar tu palabra». Después añadía que yo deseaba que él fuera positivo y animara a sus compañeros de equipo a que tuvieran la misma actitud.

Habiendo establecido el tono con esas reuniones, el equipo que abordó ese avión tenía una misión. Yo sabía que colectivamente esos sesenta jugadores se empeñarían en un valiente esfuerzo. Yo no sabía si podíamos ganar, pero sabía que no perderíamos por falta de esfuerzo. Esos jóvenes jugarían con todas sus fuerzas —y lo hicieron.

El partido fue disputado de noche y televisado a través de toda la nación por la cadena ESPN, así que me di cuenta de que muchos de esos jugadores de secundaria en los que estaríamos interesados en reclutar a lo largo del país verían el partido. ¡Y lo que vieron, antes que finalizara la noche, fue que no seríamos nunca más dominados por Oklahoma! Lo hicimos, en verdad nos entregamos al juego teniendo sólo cuatro puntos menos al finalizar el primer tiempo, aunque al final perdimos por 24-6. Pero las buenas noticias eran que cada uno de nosotros sabía que se había dado a sí mismo al equipo. Cada jugador mantuvo su promesa, y se esforzó. Habíamos dado un importante paso adelante como equipo.

Si esa clase de dinámica existe en la palabra que un hombre le da a un entrenador de fútbol, ¡cuánta más fuerza tendrá cuando los hombres se reúnen en el nombre de Jesús, se miran directamente a los ojos y dicen lo que se puede esperar de ellos! Cuando eso sucede, hay un movimiento del Espíritu de Dios, un derramamiento de su Gracia y Fuerza que nos capacita para llegar a ser Cumplidores de Promesas, hombres que están dispuestos a luchar por la verdad de Dios.

Ahora, tenga en mente que nuestra última meta —ser «hechos conformes a la imagen de su Hijo» (Romanos 8:29)— es un proceso de toda la vida. Así como mi equipo de fútbol de Colorado no llegó a convertirse en campeón en una sola noche, nosotros tampoco llegaremos a ser instantáneamente hombres fieles a Dios. Pero así como el equipo de Colorado empezó su transformación para un programa de campeonato en gran parte con ese juego, lo mismo hacemos al entregarles nuestras vidas a Jesucristo y llegar a ser una nueva creación (lea 2ª Corintios 5:17). Luego hacemos compromisos para el crecimiento como los que están incorporados en las siete promesas tratadas en este libro, y después los hacemos ante otros hombres que nos mantendrán responsables y nos darán el beneficio de su experiencia y sabiduría. Al hacer esto, nuestros pensamientos, palabras, decisiones y acciones *sí cambiarán* con el tiempo. Y nuestras familias, amigos, colaboradores, iglesias y comunidades recibirán la bendición de la obra de Dios en nosotros.

Pero en este libro hay mucho en qué pensar, ¿no es verdad? Siete áreas de compromiso, cada una de ellas grande y potencialmente transformadora de vidas. La tarea puede parecer demasiado grande. Así que, ¿dónde va usted a comenzar? Permítame sugerirle que en actitud de oración reflexione en lo que usted ha leído, luego identifique *una sola cosa* que el Espíritu de Dios ha impresionado mayormente en su corazón como algo que necesita hacer.

Después, hable de esa única cosa con un hermano cristiano, mírelo a los ojos, y dígale qué puede esperar de usted. Cuando él haga lo mismo con usted, mírelo fijamente a los ojos y dígale: «Como tu hermano en Cristo, voy a exigir que lo hagas». Luego, anímense el uno al otro por el camino. Oren el uno por el otro; llámense el uno al otro regularmente; reanime a su hermano cuando esté débil. Sosténgalo cuando caiga, y sea su mayor admirador cuando triunfe.

Verá, cuando usted le hace una promesa a un hermano, declara sus intenciones y se obliga a cumplirla. Usted también se ata a esa persona. En realidad, mira al futuro y determina por su decisión deliberada, qué parte de él está relacionada con su promesa.

Jesús dijo: «Entrad por la puerta estrecha; porque ancha es la puerta, y espacioso el camino que lleva a la perdición, y muchos son los que entran por ella; porque estrecha es la puerta, y angosto el camino que lleva a la vida, y pocos son los que la hallan» (Mateo 7:13-14). La mayoría de los hombres están en el camino ancho. ¿Por cuál irá usted?

Hombres, estamos en una guerra, sea que lo reconozcamos o no. El enemigo es real, y no le gusta ver que los hombres de Dios adopten una actitud firme al lado de por Jesucristo, y que desafíen las mentiras del diablo (lea 2ª Corintios 10:3-5). Pero el Dios Todopoderoso está a nuestro lado, y sabemos que si caminamos por el camino angosto que conduce a la vida, tenemos en Jesús, Rey de reyes y Señor de señores, un líder extremadamente capaz. Y El es fiel para proveer la gracia y la fuerza que necesitamos a lo largo del camino.

Usted y yo servimos a la realeza, y tenemos una responsabilidad costosa. Pero escuche esta promesa en Juan 12:26: «Si alguno me sirviere, mi Padre le honrará». Por consiguiente, no hay nada que yo quiero más en la vida que servir a Jesucristo, porque quiero el favor del Dios Todopoderoso sobre mí. ¿Y usted qué quiere?

Recursos adicionales

Nota:

Se incluyen en esta obra los recursos en inglés para información y apoyo de un estudio más profundo sobre uno o varios de los temas tratados en el presente volumen y para el uso de aquellos que están familiarizados con el idioma inglés, lengua en que fue originalmente escrita la obra.

Promesa 1

- Edwin Louis Cole, *Strong Men in Tough Times* (Orlando: Creation House, 1993).
- Charles Colson, *Loving God* (Grand Rapids, Mich.: Zondervan, 1983).
- Richard Foster, *Celebration of Discipline* (San Francisco: Harper & Row, 1988).
- Jack Hayford, *Worship His Majesty* (Dallas: Word, 1987)
- William Carr Peel, *What God Does When Men Pray* (Colorado Springs, Colo.: NavPress, 1993).
- Charles R. Swindoll, *Flying Closer to the Flame* (Dallas: Word, 1993).

Promesa 2

- Bobb Biehl, *How to Find a Mentor and How to Become One* (Master Planning Group, P.O.Box 6128, Laguna Niguel, CA 92697; [714] 495-8850).
- Geoff Gorsuch y Dan Schaffer, *Brothers! Calling Men into Vital Relationships* (Denver: Promise Keepers, 1993).
- James Osterhous, *Bonds of Iron* (Chicago: Moody, 1994).
- Peter A. Richardson, *Focusing Your Men's Ministry* (Denver: Promise Keepers, 1993).
- David E. Schroeder, *"Follow Me": The Master's Plan for Men* (Grand Rapids, Mich.: Baker, 1992).
- Paul D. Stanley y Robert J. Clinton, *Connecting: The Mentoring Relationships You Need to Succeed in Life* (Colorado Springs, Colo.: NavPress, 1992).

Promesa 3

- Tom Eisenman, *Temptations Men Face* (Downers Grove, Ill.: InterVarsity, 1990).
- Tony Evans, *Victorious Christian Life* (Nashville: Thomas Nelson, 1994).
- Josh McDowell, *Sex, Guilt, and Forgiveness* (San Bernardino, Calif.: Here's Life, 1987).
- Gary J. Oliver, *Real Men Have Feelings Too* (Chicago: Moody, 1993).
- Doug Sherman y William Hendricks, *Your Work Matters to God* (Colorado Springs, Colo.: NavPress, 1987).

Promesa 4

- Ken R. Canfield, *The 7 Secrets of Effective Fathers* (Wheaton, Ill.: Tyndale, 1992).
- Dr. James Dobson, *The New Dare to Discipline* (Wheaton, Ill.: Tyndale, 1992).
- Dr. James Dobson, *What Wives Wish Their Husbands Knew About Women* (Wheaton, Ill.: Tyndale, 1977).
- Steve Farrar,*Point Man* (Portland, Ore.: Multnomah, 1990).
- Gary Smalley, *Joy That Lasts* (Grand Rapids, Mich.: Zondervan, 1986).
- Gary Smalley y John Trent, *The Hidden Value of a Man* (Colorado Springs, Colo.: Focus on the Family, 1992).
- Charles R. Swindoll, *Strike the Original Match* (Portland, Ore.: Multnomah, 1980).

Promesa 5

- Charles Colson, *The Body* (Dallas: Word, 1992).
- Gene A. Getz, *The Measure of a Church* (Glendale, Calif.: Regal, 1975).
- Jack Hayford, *The Key to Everything* (Orlando: Creation House, 1993).
- H.B.London, Jr., y Neil B. Wiseman, *Pastors at Risk* (Wheaton, Ill.: Victor, 1993).

Promesa 5

- John Perkins, *Let Justice Roll Down* (Ventura, Calif.: Regal, 1976).
- Spencer Perkins y Chris Rice, *More Than Equals* (Downers Grove, Ill.: InterVarsity, 1993).
- Raleigh Washington y Greg Kehrein, *Breaking Down Walls* (Chicago: Moody, 1993).

Promesa 6

- Joseph C. Aldrich, *Life-Style Evangelism: Crossing Traditional Boundaries to Reach the Unbelieving World* (Portland, Ore.: Multnomah, 1983).
- Bill Bright, *Witnessing* (Nashville: Thomas Nelson, 1993).
- Robert E. Coleman, *The Master Plan for Evangleism* (Old Tappan, N.J.: Revell, 1963).
- Luis Palau, *Say Yes!* (Portland, Ore.: Multnomah, 1991).
- Rebecca M. Pippert, *Out of the Saltshaker and into the World* (Downers Grove, Ill.: InterVarsity, 1979).

Otros libros

- Dr. James C. Dobson, *Straight Talk* (Dallas: Word, 1991).
- Gene A. Getz, *The Measure of a Man* (Glendale, Calif.: Regal, 1974).
- Robert Hicks, *The Masculine Journey* (Colorado Springs, Colo.: NavPress, 1993).
- Bill McCartney, *What Makes a Man?* (Colorado Springs, Colo.: NavPress, 1992).
- Patrick Morley, *The Man in the Mirror* (Nashville: Thomas Nelson, 1992).
- Stu Weber, *Tender Warrior* (Portland, Ore.: Multnomah, 1993).

CUMPLIDORES DE SU PALABRA
Hombres de integridad

Ahora que usted ha leído *Las siete promesas de un cumplidor de su palabra*, ¿se ha decidido a vivir conforme a esos siete propósitos? "Cumplidores de Promesas" busca unir a los hombres que entienden que llegar a ser un cumplidor de su palabra es un *proceso*. Si usted está dispuesto a estar hombro a hombro con nosotros, separe esta tarjeta a lo largo e la línea perforada y envíela por correo a "Cumplidores de Promesas". Recibirá gratuitamente, una tarjeta y certificado tamaño carné que simboliza su propósito.

1. Un hombre y su Dios: Un cumplidor de promesas está dedicado a a Jesucristo mediante la adoración, la oración, y obediencia a la Palabra de Dios en el poder del Espíritu Santo.

2. Un hombre y sus mentores: Un cumplidor de promesas está dedicado a promover relaciones vitales con un pequeño grupo de otros hombres, entendiendo que necesita hermanos que le ayuden a cumplir sus promesas.

3. Un hombre y su integridad: Un cumplidor de promesas está dedicado a practicar la pureza espiritual, moral, ética y sexual.

4. Un hombre y su familia: Un cumplidor de promesas está dedicado a fomentar un matrimonio y una familia fuertes mediante el amor, la protección y los principios bíblicos.

5. Un hombre y su iglesia: Un cumplidor de promesas está dedicado a sostener la misión de la iglesia por honrar a su pastor y orar por él, y por dar activamente de su tiempo y sus recursos.

6. Un hombre y sus hermanos: Un cumplidor de promesas está dedicado a pasar por encima de toda barrera racial o denominacional para demostrar el poder de la unidad bíblica.

7. Un hombre y su mundo: Un cumplidor de promesas está dedicado a influenciar su mundo, siendo obediente al Gran Mandamiento (vea Marcos 12:30-31) y a la Gran Comisión (vea Mateo 28:19-20).

Sí, yo he decidido llegar a ser un cumplidor de promesas y vivir conforme a estos siete propósitos.

Firmado (favor de escribir a máquina o en clara letra de molde)

NOMBRE _____

DIRECCION _____

CIUDAD _____ ESTADO O PAIS _____ CODIGO POSTAL _____

TELEFONO: DE DIA _____ DE NOCHE _____

Sepárela, péguele un sello al dorso, y envíela por correo.

CODE 120

CUMPLIDORES DE PROMESAS
(Promise Keepers)

P.O. Box 18376
Boulder, CO 80308